自治体係長の職場マネジメント

係長の"判断・行動"がわかる40の事例

第3次改訂版

自治体マネジメント研究会 編

公職研

自治体を取り巻く環境は、今日、大きく変化している。少子高齢化は、人口減少社会の到来とあいまって、福祉・医療サービスのみならず、地域社会の活力などの問題を各地に生じさせている。経済のグローバル化やエネルギー・環境問題なども、自治体施策に大きな影響を及ぼしている。

　自治体においては、時代にかなった的確な住民サービスの提供と効率的な行政運営が求められ、職員の資質向上と能力発揮が欠かせないものとなっている。住民から付託された行政サービスを推進していくのは職員1人ひとりであり、それを束ねる組織の最小単位は「係」である。「係」は、現場に最も近く、住民の声や地域の課題に直結している。今日、「係」をいかに効果的に運営していくかは、自治体にとって極めて重要な課題である。

　本書のテーマは、このように重要性が高まっている「係」において、「リーダーである係長は、どのように考え、行動していくべきか」である。

　「第1部」は、総論としての「自治体係長の職場マネジメント」である。組織の中での係長の役割を明確にし、係長の「職務遂行」、「組織運営」、「上司の補佐」などの面からマネジメントのポイントを述べた。簡潔にわかりやすく、また、実践で役立つよう、必要な知識やノウハウも盛り込むようにした。

　「第2部」は、「事例編」である。実際の職場で起こる様々な状況を提示し、それぞれ「分析」「問題点」「解決策」を示したうえ、平素の係運営に役立つよう、「職場マネジメントのポイント」を挙げた。「分析」においては問題点に至る切り口を示し、「問題点」と「解決策」は、基本的に3本程度の柱立てにより述べた。「職場マネジメントのポイント」は、係長とし

て身に付けておきたい教訓であり、職場の問題状況に応じて思い出し、問題解決のために活用していただきたい。

この「事例編」の活用に当たっては、読者は、各事例に目を通したあと、是非、「問題点」と「解決策」を自分で考え、そのうえで先に進まれたい。グループ学習も、勧めたい。

本書は、とりわけ、現場で奮闘している係長や、係長を目指して精進している職員に読んでもらいたいと考えている。現場の係長には、本書により、職場運営の考え方を身に付け、様々な問題を解決するとともに、日々、やりがいを持って、着実に成果のあがる係運営を進められたいと願う。また、係長を目指す方々には、「係長」に求められる役割や活動などについて学び、日々の仕事に活かすとともに、昇任試験にも備えてほしい。

今回の改訂に当たっては、「第1部・自治体係長の職場マネジメント」をより強化し、わかりやすくするため加筆修正するとともに、「第2部・事例編」では、必要な内容を盛り込むようアップデートするとともに、「第1部」と「第2部」の事例研究をさらに補うものとして新たに「職場マネジメントのポイント」を設け、本書が様々な職場において、一層円滑で成果のあがる組織運営の助けとなるよう、充実を図った。

本書が多くの方々の参考になれば、このうえない幸いである。

自治体マネジメント研究会

目次 自治体係長の職場マネジメント
係長の"判断・行動"がわかる40の事例

はじめに………………………………………………………………………… 2

第1部　自治体係長の職場マネジメント

第1章　求められる係長像と係長の役割
1　環境の変化と求められる係長像……………………………… 10
2　組織における係長の位置と役割……………………………… 12

第2章　係長の職務遂行力（仕事のマネジメント）
1　職務に精通する……………………………………………… 15
2　業務を進行管理する………………………………………… 15
3　組織の中核として活動する………………………………… 18
4　判断力を醸成する…………………………………………… 18
5　政策形成能力を高める……………………………………… 19

第3章　係長の組織運営力（部下の管理・人材育成）
1　係職員への指示……………………………………………… 20
2　係の指揮（リーダーシップ）……………………………… 22
3　職場における人材育成……………………………………… 24

第4章　上司の補佐
1　上司の命令・指示を的確に実施する……………………… 27
2　上司に情報提供し、意見を述べる………………………… 27
3　上司の代理を務める………………………………………… 28

4 「ホウレンソウ」を確実に行う……………………………… 29

第5章　横との連携

1 諸手段による横との連携……………………………………… 31

2 会議の活用…………………………………………………… 32

第6章　まとめ－係長の日常のマネジメント……………… 33

第2部　事例編

1　部下の指導・育成

事例1　新任係長のところには経験豊かな職員がいて…………… 36

事例2　経験が浅く、消極的な主任がいて……………………… 40

事例3　新任職員の指導をベテラン職員に任せておいたが…… 44

事例4　異動してきた職員の元気がなくなってきて…………… 48

事例5　決められたとおりに従わない職員がいて……………… 52

事例6　多職種職員、短時間勤務職員でコミュニケーション

　　　　不足の状況が…………………………………………… 56

事例7　専門性の高い仕事でバラバラな係………………………… 60

事例8　長期療養職員の仕事の割り振りが思うようにいかない… 64

事例9　職員にマンネリムードが………………………………… 68

事例10　職員を研修にどう取り組ませるか……………………… 72

2　上司の補佐

事例1	他課との調整に消極的な課長	78
事例2	課長の指示があいまいなので	82
事例3	何もかも自分で決めて厳しく指示・叱責する課長、 パワハラでは？	86
事例4	課長の指示が納得できない場合が多くて	90
事例5	頼まれると何でも引き受けてしまう課長	94
事例6	新任の係長を飛ばして係員に指示する課長	98
事例7	課長の指示がすぐ変わってしまうので	102
事例8	課長はいつも部長の意見に賛成してしまうので	106
事例9	あまりに細かい指示を繰り返す課長	110
事例10	いつも大事なときに課長が席にいなくて	114

3　他係などとの連携

事例1	係間の協力の進め方	120
事例2	係長会が情報交換で終わってしまうので	124
事例3	庁内の係長の協力が得られなくて	128
事例4	若手の係長が古参の係長に無視されて	132
事例5	1つの係の仕事が増えるばかりで	136
事例6	大物係長に課内が牛耳られて	140
事例7	係長と主査が対立して	144

事例 8　課にプロジェクトチームをつくってみたが……………… 148

事例 9　特定の係が仕事の足を引っ張って…………………………… 152

事例10　新旧係長のやり方が異なって……………………………… 156

4　業務運営

事例 1　環境ポスター展を例年同様に実施したが………………… 162

事例 2　残業の多い職場、あらためて係をみると………………… 166

事例 3　事業説明会で職員が困った発言をして…………………… 170

事例 4　窓口でのクレームに上手く対応できたと思ったが…… 174

事例 5　説明会では、係長ではだめだ、という声が……………… 178

事例 6　市民の問い合わせに答えたのだが………………………… 182

事例 7　市営テニスコートの利用料が高いなどと飲み屋での

　　　　話が………………………………………………………… 186

事例 8　汚職による逮捕者が他の課で出てしまって……………… 190

事例 9　用地買収折衝中に議員から連絡が………………………… 194

事例10　必要のない届け先に通知を送るミスをして……………… 198

第1部

自治体係長の職場マネジメント

第 1 章　求められる係長像と係長の役割

1　環境の変化と求められる係長像

　少子高齢化や人口減少社会の進行、経済のグローバル化、大規模な災害への懸念、エネルギー・環境問題、住民要望の多様化、そして新型コロナウイルスの感染拡大など、自治体は今日、様々な社会経済状況の変化のなかにある。こうした変化は、自治体の政策や組織運営の面で様々な影響を与えている。

　大きな環境変化のなか、今日の係長には、次のような資質が求められる。

(1) 環境変化・時代をつかむ

　今日の環境変化は、自治体にとって、単なる外部の状況ではなく、実際に、自治体が様々な影響を受ける諸要素となっている。このような動きに無関心でいると、自治体の各組織はいつの間にかその動きに巻き込まれ、右往左往することになる。係のリーダーたる係長は、広い視野を持ち、一歩先んじて、時代や社会の動きを的確に把握しなければならない。

　社会経済の変化については、各種報道をはじめとして、関係するウェブサイトや雑誌、専門書などに注意し、常に状況を把握していくことが必要である。

(2) 係を越えて考え、係長の立場で行動する

　"Think Globally, Act Locally"という言葉がある。「世界視野で考えて、ローカルに行動する」という意味である。

　これを係長で置き換えれば、「係を越えて考えて、係長の立場で行動する」となろう。係長は、自分の係にとどまらず、課や部のレベル、さらには自治体レベルで考えるとともに、係長として、係レベルで行動することが必要である。

　係長は、外部の動きをつかむに当たっては、単に観察するにとどまらず、自分が監督する組織や担当する仕事と関連づけて考えることが大切である。現在の経済状況は担当する業務にどう影響するか、少子高齢化のなか

で、現行の業務をどう変えていくべきかなど、社会情勢変化の影響をつかむとともに、社会や時代の要請に適応する業務のあり方を考えることが必要である。外部の環境変化は日々の行政にどのような影響を及ぼすか、それを受けて、部や課ではどのように対応すべきかを考え、そのうえで、係長として、上司を補佐しながら、着実に係を動かし行動していくのである。

広い視野を持つとともに、係長の実際の行動は、地に足がついたものでなければならない。係長が自らの問題意識を具体化していくためには、係長は、係をまとめていくとともに、課長に対し、積極的に企画・提案を行っていくことも重要である。

今日求められる係長は、自ら考え、提案し、実行していく係のリーダーである。

⑶ 仕事を改革・改善する、新たな施策を講じる

係長は、時代の変化に対応していくため、従来の仕事の改革・改善を進めていくことが必要である。また、従来の仕事では追いつかない場合は、住民のニーズを受け、新たな施策を講じていくことが求められる。時代の変化にかなった仕事の目標とそれを達成していく方法を常に考え、合理的な方法を見つけていく。

従来の仕事の進め方や考え方については、その意味をつかんでおくことが非常に重要であり、同時に、それにいたずらにとらわれることなく、柔軟に対応し、目指すべき新しい目標とその的確な達成方法を積極的に創造していくという姿勢が肝要である。

仕事へのチャレンジ精神は、係長のみならず、係全員が意識として持っているようにしたい。係長は、常に係の職員とコミュニケーションをとり、意識を共有するように心がける。

⑷ 公務員としての自覚を忘れない

係長は、いかなる変化の時代にあっても、常に自らの能力を高めると同時に、目先の変化に振り回されることのないしっかりとした価値観や、職業人としての高い倫理観を持つことが求められる。

公務員として、常に公益のことを考え、自らの仕事については、住民に対して責任を持つという意識を常に保持しなければならない。あわせて、私生活も含め、自ら規律を遵守し、法令に則った、信頼される公務員であることが必要である。

2　組織における係長の位置と役割

　自治体における組織の最小単位は係であり、係長は、その係の長である。係の仕事が積み上げられて、自治体の業務が遂行されるのであり、係の長である係長の役割は非常に大きい。組織形態が班やグループであり、そこの長が班長やグループ長であっても、基本的には変わらない。係業務の成果いかんで、自治体の業務全体の良し悪しが決定されると言っても過言でない。

　ここで、自治体の組織を俯瞰してみると、係長の位置づけと役割が明確に見えてくる。

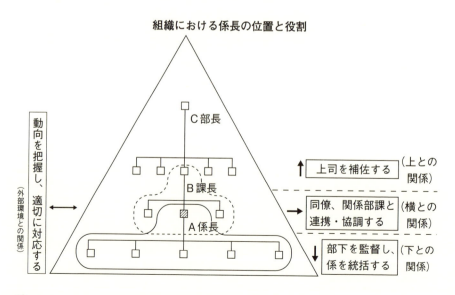

組織における係長の位置と役割

自治体は、市を例にとると、市長のもとに、担当する業務の目的や内容、管理のスパン等によって、多く、部・課・係などが編成され、それぞれ、部長・課長・係長などが置かれる。

　部・課・係の各組織は、相互に、上からは管理・監督され、下へは管理・監督するという関係がある。これを係長から見ると、係長は係の長であると同時に、課のメンバーであり、係を監督するとともに、課長からは管理される立場にある。このように、係長は、係と課という2つの組織を結び付ける「連結ピン」の役割を果たす。係長は、係組織及び課組織の両方にとって、チームワークの要なのである。

　「連結ピン」は、係長だけでない。課長も、部長も「連結ピン」の役割がある。「連結ピン」としての管理・監督者の存在により、それぞれの部・課・係は、それぞれが自立的な管理を行いながら、組織がバラバラでなく、いずれの活動も市組織全体に統合されることが可能となるのである。

　このように、図で示すとおり、係長は、「下との関係」においては、部下を監督し、係を統括する。また「上との関係」においては、上司を補佐するという役割が生じる。

　次に、係長は、業務を遂行するに当たって、同じ課の他係や、部内の他課、他の部などと適切に連携していくことが求められる。このように、係長は、「横との関係」として、同僚、関係部課と連絡し、連携する役割がある。

　また、自治体組織は、全体として、外部の環境から影響を受け、影響を及ぼすものである。係も、外部の環境から影響を受け、影響を及ぼす。外部の環境は、住民、他団体、あるいは社会経済状況など、様々である。係長には、「外部環境との関係」においては、住民、他団体、社会経済状況などの動向を把握し、適切に対応していくという重要な役割が課せられる。とりわけ、住民にとって係は、身近で近しい存在であることに注意すべきである。

　係長の役割をまとめると、次のとおりである。

⑴ 部下を監督し、係を統括する（下との関係）

　係長の職務の中心は、係の職務上の目標を達成するための諸活動である。

そのために係長は、係の職員を統率し、係の組織活動を指揮していく。また、係長は、職員を指導・育成することも重要な責務である。係長は、部下を指導・育成しつつ、着実に職務を遂行していかなければならない。

⑵ 上司を補佐する（上との関係）

係長は、自身が属する係ではトップであるのと同時に、課においては、課長をトップとする課のメンバーである。係長は、上司である課長を適切に補佐する必要がある。

⑶ 同僚、関係部課と連携し、協調する（横との関係）

組織全体が一体となって活動するためには、係長は、部下、上司という縦のラインだけでなく、課内の同僚や関係部局の職員などと円滑な関係を保ち、相互に協力し業務に当たらなければならない。必要な連絡や調整に常に心がけ、適切に対応していくことが求められる。

⑷ 住民、他団体、社会経済状況などの動向を把握し、適切に対応する（外部環境との関係）

今日、わが国及び自治体を取り巻く外部環境の変化は著しく、こうした変化は、自治体の活動に大きな影響を及ぼすようになっている。係長は、組織の一員として、広い視野を持ってこのような外部の状況を的確にとらえるとともに、状況変化にも適切に対応していかなければならない。

⑸ 自己啓発

係長は、自分自身の自己啓発を進めることが大切である。職務に関する知識を一層充実させるとともに、問題解決能力、コミュニケーション能力、環境変化への対応能力、公務員としての倫理や社会常識などを、不断の努力で身に付けていきたい。

係長は、部下の指導育成を図ると同様に、自分自身も常に啓発に心がけ、自らの能力を高めていくことが求められる。

第2章　係長の職務遂行力（仕事のマネジメント）

1　職務に精通する

　係長はプレイング・マネージャーであり、自らも業務を担いながら係を統轄していく役割を持つ。係長は、まずは、自身が担当する職務内容をしっかりと把握し、精通することが、極めて大切である。

　ここで、係長として把握すべきは職務に関することすべてであるが、とりわけ、事務分掌規程等による分担職務、関係する法令や条例・規則、職務に関するこれまでの経緯や問題点、解決方法などが重要である。

　また、係長は、係の長として、自身が直接担当する仕事のほかに、係の仕事全体について理解することが必要である。その際に重要なことは、理解すべき内容は仕事すべての細部では必ずしもなく、必要なポイントであることだ。仕事の根拠、過去の経緯、主な作業内容、基本的な手順や流れ、対外的な調整事項、今後の課題などを十分に理解すべきである。

　把握に当たっては、過去の文書によく目を通すことが必要である。また、文書に残されていない重要な点については、直接、そのことを知っている職員から聞くことが大事であるので、上司である課長や係の主任、担当者などに依頼することも大切である。とくに課長は、管理職として本人しか知らないこともあるので、ざっくばらんに時間をとってもらって教えてもらうようにする。

　平素より、様々な報道やインターネット、専門誌などにより、担当する職務に関連する知識を充実させていくことが大事なことは、言うまでもない。

2　業務を進行管理する

　ひとまとまりの業務を実施するに当たっては、計画（Plan）、実行（Do）、評価（Check）、改善（Act）という、いわゆる「ＰＤＣＡマネジメント・サイクル」を意識することが重要である。

　①　Plan－業務の実施に入る前に目標を設定し、目標実現のための計

画を作成する

② **Do**−実施体制を整えて業務を実行する

③ **Check**−業務の各段階において実施状況を分析し、計画との対比や分析を行う

④ **Act**−対比・分析に基づいて、必要な措置・改善を行う

計画を作成し（Plan）、実施し（Do）、分析・改善を行う（See）という、「Plan−Do−Seeのマネジメント・サイクル」も同様である。

ここでいう「ひとまとまりの業務」とは、例えば、予算作成などのように年間スケジュールにより実施するものもあれば、隔月などで開催される住民説明会のようなものもある。また、予算の作成業務について見れば、予算編成方針の作成、予算書の作成など、部分部分で「ひとまとまりの業務」がある。以上のほかに、1週間や1日単位の仕事も「ひとまとまりの業務」である。

日々の業務を実施するに当たっては、このような様々なスパンの業務いずれについても、「ＰＤＣＡ」または「Plan−Do−See」を実施していくことが大事である。どのような業務であっても、業務の区切り区切りにより「まとまった業務」ができているのであり、管理・監督者は、そのような視点から、小刻みかつ丁寧に業務の進行管理を図っていくことが大切である。

組織における実際のマネジメント・サイクルは、このような長短様々なスパンの業務が重層的に重なったものである。

⑴ 計画

取り組むべき業務について、その目標像を設定する（目標設定）。実現したい重点的な事項、継続事業のなかに取り入れる新たな視点、などを明確にしておく。

そのうえで、その目標を最も効果的に実現するための業務の詳細やスケジュールなどを決める（計画作成）。さらに、目標で設定した事項については、これを具体化するためのプロセスなどを明示する。計画の作成に当たっては、安易に前例踏襲に陥らないように注意することが必要である。

⑵ 実施

　設定された目標と作成された計画に基づき、係の体制を固め、業務実施に取り組んでいく。係の体制固めは、「組織化」とも言われる。すなわち、業務の実施に当たっては、業務の執行に必要な人員を集め、それぞれに役割を付与し、相互の意思決定やコミュニケーションのルートを明確にすることが不可欠である。

　業務実施は、事前の準備と実施時の対応に分けることができる。

　事前の準備では、業務実施のための「組織化」のプランとともに、必要に応じて、具体的な実施方針を明確にしたり、実施マニュアルを作成したりする。

　実施時の対応は、決められた職務分担や責任範囲に基づいて、係長の指揮のもとに行われる。実施に当たっては、様々な関係者や関係部署、団体・機関等と十分な連携を図り、必要な調整を図っていく。係にとって住民対応は極めて重要である。親切かつ丁寧で、正確な応対を心がける。

　実施に当たっては、とりわけ、非常時における対応（危機管理）への留意が重要である。非常時に向けては、あらかじめ非常時を想定したマニュアルを作成し、その内容を係で徹底しておく。マニュアルを作成するに当たっては、係内で様々な事態を想定し、対応方法を議論するなどして、組織としての対応能力を高めておく。実際に起こった非常時には、現場リーダーとしての係長の臨機応変な判断と具体的な対応行動が極めて重要である。

　業務の体制づくりや非常時における対応マニュアルの作成等については、前例を参考にするとともに、それをそのまま踏襲するのでなく、より実情に沿った有効なものにするよう、内容の充実を図っていく。

⑶ 統制

　業務の推進に当たっては、適宜、業務の進捗状況を把握し、適切に進行管理を図っていくことが必要である。すなわち、事業の過程において状況変化が生じたときは、時期を逃さず必要な対応をとる。

　作成した計画と現実の乖離が目立つようになった場合には、計画の修正や追加的な措置も含めて、適切な対応をとらなければならない。現実の進

挿状況が思わしくない状況であるときは、追加的な対策や既存対策のテコ入れなど、とりうる手段を講じていく。

　有効な手立ては、情報の入手が早ければ早いほど打ちやすい。業務の進捗状況については、できるだけ早く効率的に把握できるよう、情報の収集経路とその分析手法を整えておくことが重要である。

3　組織の中核として活動する

　係長は、組織の中核として、上下左右、外部といった、自らの周りすべてと連携をとって、協力して仕事を進めていく。

　このように、係長は、自分１人で仕事をするのではないことを常に頭におくことが必要である。自信を持って業務を推進するときであっても、課長や係職員、横の同僚などとよく相談するとよい。また、どうしてよいかわからなくなったときも、同様に、周りと相談する。

　係長はまた、このような連携・協力がいつでもスムーズに行えるよう、普段から関係者とコミュニケーションをよくとり、良好な人間関係をつくっておくよう、心がけることが必要である。

　係長は、組織のなかで動くことにより自らの力が最大に発揮されるのであり、同時に組織の力も最大に発揮されると銘記すべきである。

4　判断力を醸成する

　係長は、係のリーダーとして、及び課長の補佐役として、判断力を醸成することが必要である。

　判断の基本となるのは、まず職務に関する理解と知識であり、そのうえで重要なのは、案件に関する事実関係の正確な把握である。係長は、課長よりも現場に近い。現場で起こっている問題に対する解決策は、係長が現場に

おいて、いかに事実関係をとらえるかにかかっていると言っても過言でない。

　係長は、現場での事実から問題点を整理し、解決策を考える。解決策の決定に当たっては、誤った判断とならないように、知識や経験のある係の同僚や上司などに相談するのがよい。その際は、事実関係を正確に伝えるとともに、係長として考えた自らの解決案を提示することが必要である。

　判断力を養うためには、平素より、新聞やニュース、市の広報や市民の声などに積極的に接し、職務を取り巻く社会状況を正しく認識しておくとともに、法令の内容やその動向を含め、職務に関する問題意識を十分に涵養しておくことが必要である。

　このような観点から、係長は、平素より上司となる課長やその上の部長をはじめ、課内の他の係の係長や職員、他の課や部の職員とも情報交換に努め、自身の係や市政などをめぐる様々な状況や課題について、認識を高めておくようにする。

5　政策形成能力を高める

　今日、自治体をとりまく環境の変化や住民ニーズの多様化・高度化、行政の効率化への要請などはこれまでになく大きくなり、自治体においては、既存業務の見直しや住民ニーズに対応する新たな施策の構築などが様々に求められるようになっている。

　係長は、業務を取り巻く状況変化や様々な困難な場面においては、それを自身の成長のための貴重な機会ととらえ、積極的に問題解決に取り組む気概を発揮しなければならない。そして、平素においては、分析力・判断力、調整力・指導力、問題解決能力、コミュニケーション力・表現力など、係長として必要な能力を身に付け、高めていくよう、努力を惜しまないことが求められる。

　係長のこうした姿勢と能力は、自身の政策形成能力を高めるとともに、係における日々の業務の円滑な運営に決定的に役立つのである。

第	3	章	係長の組織運営力（部下の管理・人材育成）

1 係職員への指示

　係が、計画に基づいた業務を進めていくためには、職員の力を総動員しなくてはならず、係長は、職員に対して必要な指示をすることが肝要である。指示は、職員に対する単なる情報提供でなく、業務の執行を促すものである。

(1) 指示を出す

　指示に関して、係長にとって最も大事なことは、「指示を出す」ことである。業務を継続して、昨年度と同様に実施する場合など、「職員は、何をすべきかもうわかっている」として、成り行きに任せて指示を出さない係長がいる。また、業務に関する状況が複雑で、職員が何をやっていいかわからないような場合に、必要な指示を出せない係長もいる。

　係長は、係を引っ張るリーダーとして、係職員に対し、状況に応じた的確な指示を、明確に出さなければならない。

(2) 指示を受け止め実行してもらう

　係長が職員に対して行う指示に関して次に大事なことは、係長が出した指示を職員がきっちりと受け止めて、職員に実行してもらうことである。

　「指示を出したのに職員は動いてくれなかった」という係長の声をよく聞く。指示を出したのにそれが実施されないことが起こる原因は、職員の側にあると言いたいのであろうが、係長の側に原因がある場合も多い。

　係長の側の原因としては、指示が一方的だったので理解されなかった、指示の内容がわかりにくかった、そもそも指示内容が問題解決のうえで適切なものでなかった、などがある。係長としては、職員のほうから意見を言ってくれればよいのにと思うが、職員からのコミュニケーションはいつも発せられるとは限らない。

　係長の職員への指示は、要件にかなった適切なものであることが必要であり、さらに係長は、職員に対して内容が理解できたかどうか確かめるこ

とや、実際にやってもらえるよう意欲を高めるなどの対応をとることが必要である。

(3) 適切な指示の要件

係長が発した指示内容が正確かつ確実に実行されることを確保するためには、指示は、次のような要件を備えていることが必要である。

① **内容が適切でわかりやすいこと**……指示の内容に間違いがあってはならず、職員に理解されやすいものであることが必要である。

② **内容が実行可能であること**……実行できれば理想的な内容であっても、それが不可能であれば、目的は達成できない。例えば、実行するには特別な設備が必要であるにもかかわらずそれを利用できる裏付けがない、実行するには一定の時間が必要であるにもかかわらずその時間の余裕が与えられない、などである。後段の実施時間については、事務改善で時間を短縮しても追いつかないくらい短い時間しか得られないならば、実施は困難である。

③ **職員の能力などに見合った指示であること**……係長は、職員の能力や性格などをよく理解し、それに応じた指示をすることが必要である。職員の知識や経験に見合った指示でなければ、内容が理解されなかったり、行動したくてもできないということになってしまう。新任職員に対して、困難な業務の調整をするように指示しても難しいであろう。また、指示は、急ぎである場合はともかく、職員が緊急の用件に集中して取り掛かっているときは避けるなど、職員の状況を見て発することにも配慮する。

④ **要点をもらさずに明示する**……指示は、係職員が確実に理解できるように、要点をもらさずわかりやすく伝えなければならない。指示の内容としては、通常、「誰が」「何を」「いつ」「どこで」「どのように」「なぜ」の要素を含んでいることが必要である。

⑤ **必要に応じて文書を用いる**……指示は、通常口頭で十分なことが多いが、内容が込み入っている場合、内容を取り違えると重大な問題を引き起こす場合、数字や手順など詳細な内容を伝えたい場合、相手が

不在にしている場合、相手が多忙な場合などにおいては、内容を確実に伝えるために、文書を用いることが適当である。

2 係の指揮（リーダーシップ）

(1) 係をまとめる

　係長は、係の職員に指示を発して、係業務を推進するが、係業務は、係長の指示だけで進められるものではない。指示がなくても職員が自主的に判断して仕事を行ったり、想定していなかった状況に職員が自分で判断して対応するなど、係には様々な活動がある。したがって、係がバラバラでは、各職員の判断や行動がバラバラになり、係業務を統一的かつ円滑に推進することはできない。係長は、係のリーダーとして、係をまとめることが不可欠である。

　係をまとめるための基本は、必要な情報の共有である。

　係長は、係の目標、業務の計画、実施体制や実施方針などを係内で共有する必要がある。また、職員相互に、それぞれの職員の職務内容やスケジュールなどの情報が共有されていることが望ましい。

　係の職員は、平素よりこのような情報が共有されているときにはじめて、様々な業務において、自主的に判断して必要な行動を展開できるのである。また、係職員は、このように、必要な情報が与えられ、全員がそれを理解し、納得しているときに、安心して職務に専念できると言える。

　リーダーシップには、「専制的」、「民主的」、「放任的」の３つの型が知られる。実験結果などによると、次のような成果の特徴があるという。

① **専制的リーダーシップ**……作業の成果は最も多いが、メンバー相互の間に攻撃的な雰囲気が生まれやすい。

② **民主的リーダーシップ**……作業の成果は質・量ともに優れ、メンバー間の友好関係は高い。

③ **放任的リーダーシップ**……作業量は最も少なく、質も劣る。メンバー間では、非生産的な討論に多くの時間が割かれる。

このように見ると、民主的リーダーシップが最も優れているように見え、基本的にはそのように考えてよいが、組織の状況等によっては、他のリーダーシップも有効であることに注意すべきである。

例えば、統制をとって規律正しく仕事をする場合や非常時・緊急時には「専制的リーダーシップ」が有効であり、研究開発などの仕事などでメンバーすべてが高い能力を有する場合は「放任的リーダーシップ」が有効であるとされる。

係長は、組織の状況に応じて適切なリーダーシップを発揮するように心がけることが必要である。

(2) 職員を動機づける（意欲・モチベーションを高める）

係業務を円滑に推進していくためには、職員にやる気を持って仕事に当たってもらうことが必要である。

職員にやる気を持って仕事に当たってもらうためには、様々なアプローチがあるが、特に有効なのは、職員が取り掛かっている「仕事そのもの」について、その意義を伝えたり、達成のために助力したり、達成時にそれを認めるなどの関わり方である。

こうした考え方の背景には、フレデリック・ハーズバーグ（1923～2000年）の理論がある。

ハーズバーグは、人間行動に影響を与える要因には、「衛生要因」と「動機づけ要因」があると提唱した。

「衛生要因」は、それが満たされないと人間に不満を生じさせる要因であり、①管理・監督者、②組織の政策、③対人関係、④作業条件、⑤給与などである。

一方、「動機づけ要因」は、仕事に満足を与える要因であり、①仕事の達成、②達成の認知、③仕事そのもの、④仕事についての責任などである。

ここで注意すべきは、「衛生要因」は、不満を予防するには役立つが、それが満たされたからといって満足を与えることができるというものではない、ということである。したがって、組織構成員に満足を与えるためには、「動機づけ要因」に注目する必要がある。

実際の人間の欲求は1つの理論で説明しきれるほど単純ではない。しかし、係長は、係の運営に当たっては、係職員に上記のような「衛生要因」が満たされるように注意しながら、「動機づけ要因」を満たすように積極的に関わっていく、ということは大事な視点であると言える。

(3) 良好な人間関係

係内で必要な情報を共有し、職員同士が協力して仕事を行っていくためには、平素からの良好な人間関係が必要である。普段、全く話をしなかったり、お互いに反目し合っているようでは、情報の共有すらおぼつかない。

また、職員にやる気を持って職務に当たってもらうためには、職員と係長の人間関係が大切である。「あの係長のためなら多少の苦労をしてもいい」と思ってもらえるか、逆であるかによって、仕事の進み具合には格段の差が生じるであろう。

係長は、普段から、係内において、良好な人間関係が構築できるよう、勤務時間であるなしにかかわらず、率先して係内の円滑なコミュニケーションに留意する必要がある。

また、係長は、職員とは信頼関係を構築することを第一に考え、「職員のためなら苦労してもよい」という心構えを持ち、日々、実践していくことが重要である。

---

3 職場における人材育成

組織が成果をあげながら成長していくためには、組織を構成する職員の成長が不可欠であり、職場における人材育成が極めて重要である。自治体においては人事異動があり、せっかく育成した職員も転出してしまうので人材育成もやりがいがない、という声も聞くが、転入してくる職員は他の職場で育成された職員である。職員の育成は、自治体全体にかかる重要な課題である。

ベテラン職員であっても経験の浅い職員であっても、少ない人員で多様

化する住民ニーズに対応するためには、職員の能力向上は必要不可欠である。また、再任用職員の配置などがうまく機能しなければ、職場における仕事のノウハウが継承されないという問題もある。職場における人材育成は、こうした問題にも応えうる重要な手立である。

　職員の能力開発を行うためには、職場研修（ＯＪＴ：On The Job Training）、職場外研修（Ｏｆｆ－ＪＴ：Off The Job Trining）、自己啓発の３本柱がある。

　「Ｏｆｆ－ＪＴ」は、職務を行ううえで必要となる能力訓練を職場外で行うものである。研修生が職場から離れるため、訓練を集中的に行うことが可能となり、新たな知識などの体系的な修得、平素の業務とは異なった仕事の手法や発想法の体験、他の研修生との交流等による啓発などが可能となる。係長は、職員のこうした研修の機会を積極的に確保するとともに、職員の参加への動機づけや、参加職員が担当する業務の職場での分担など、職員がＯｆｆ－ＪＴに参加しやすい職場環境の整備を図る必要がある。また、職員が職場に戻った際には、職場での報告を求めるなど、研修成果の定着や職場への還元を目指すのが適当である。

　「自己啓発」は、職員自身による、自身を成長させるための啓発活動であり、係長は、その促進のための職場づくりに積極的に取り組んでいかなければならない。例えば、業務に関する質問や仕事の進め方に関する問題提起などを適宜、職員に投げかけ、職員が自ら学ぶきっかけをつくる。また、業務に関連する技術の変化や法令の動向、他団体における新しい働き方の動きなどについて、職場での報告会や勉強会を勧めることも有意義である。業務以外のことについても、時間外における様々な情報交換などに留意していく。

　人材育成の中心は、職場における「ＯＪＴ」にあると言える。職場の実態に合わせて、職員１人ひとりの状況を把握しながら指導を行うことができるＯＪＴは、人材育成において、非常に大きな役割を果たす。ＯＪＴは、次のようにして実践するよう、心がけたい。

(1) 仕事を教える

　以前は「背中を見て覚えろ」というやり方が通用していたが、今日においては、職員に対して、ポイントを押さえながら的確に仕事を教えていく。

　伝えるべき内容はあらかじめ整理し、1つずつ、具体的・段階的に伝えることが有効である。また、例えば、担当業務を教える場合は、その前後・周辺を含めた仕事の全体像や仕事の流れも説明し、十分に理解してもらうようにする。

(2) 仕事を任せる

　仕事を教え、理解が得られたら、仕事を任せる。その際は、任せる範囲と期限を明確にし、実施に必要な情報や判断基準はきちんと与える。

　任せた後は、職員の状況を観察し、的確に報告を受けながら必要な指導をしていくことが重要である。

(3) 日常の中のOJT

　仕事の日常においては、職員が決裁を求めてきたときや、報告・相談に来たとき、会議やミーティングの場などを有効に使い、問題になっている業務についての助言・指導を行うほか、少し視野を広げて、仕事の基本的な方針や仕事に対する考え方などについて知らせる。

　これらのほか、課長や部長への案件説明や他の係との調整などに職員を同行させるなど、様々な経験を積ませることも有意義である。

(4) 集団によるOJT

　職場勉強会や研修報告会、事例発表会など、職場のメンバーが集まって、実践的な知識を習得させる。業務に関連する改正法令や、県や国などの動向、公務員倫理など、情報を交換し、意見交換することは極めて有意義である。

　この際、研修の講師や報告者、研修の準備、報告書の作成などを職員の参加で行い、様々な経験を積ませるようにするとよい。

第4章 上司の補佐

係長は、組織の一員として、上司を適切に補佐することが必要である。係は課の一部であり、係の目的を達成するためには、上司である課長による指導が不可欠であり、係長は、その課長を補佐する任を負っている。

1 上司の命令・指示を的確に実施する

係長は、まず、上司の命令・指示に従わなければならない。上司の命令・指示に従って職務を執行することは、係での業務遂行の基本である。

係において、上司の命令・指示を円滑に執行していくためには、係長は、係会などで課長の考えを伝えるとか、課長に係員の話を直接聞いてもらうなど、課長と係員の橋渡しをすることが必要である。

上司の指示が納得いかない場合は、その理由が内容なのか、発せられた方法なのか、両方の側面からよく考える。内容である場合、それが不可能なのか、不適当なのか、頭を整理し、いずれの場合もその理由をよく考えて、課長に伝える必要がある。発せられた方法についても同様であるが、例えば、係に相談がなく、いきなり指示を受けたとか、本来係長に指示をすべきところ特定の職員に対して行われた、などの事例が考えられる。

係長は、どのような場合でもこうした事態を冷静に分析すべきであり、感情的な問題はないか、現実に生じる実質的な問題は何か、などについてよく思慮する必要がある。係長は、このように状況をよく分析したうえで上司に自らの考えを率直に伝え、主張すべきことを主張すべきである。

2 上司に情報提供し、意見を述べる

係長は、上司に情報提供をするとともに、必要に応じて上司に意見を述べるなど、上司の判断を助けることが必要である。

上司に係長が情報提供すべきは、基本的に、事案の事実関係やメリット、デメリットなどである。事案の事実関係としては、例えば事案の経緯、法

律的な側面などがある。また、メリット、デメリットとしては、公益的側面や財政的側面からの分析のほか、議員や住民の意見なども重要である。

また、これら事実関係に加えて、上司から意見を求められたときや係長が必要と判断したときは、上司に対し、自らの意見を述べる。つまり、係長は、常に自分の意見を持ち、求められたときは開陳できるよう、普段から問題意識を持ち、よく考えておくことが必要である。

意見を述べるときは、事実関係とは明確に区別して述べることが必要である。

また、係長は、職務に精通し、いつでも課長の質問に答えられるようにしておかなければならない。

係長はこのように、上司に的確に情報を提供したり、意見を伝えたりすることにより、上司が意思決定しやすいように補佐していく。なお、ここで注意すべきは、最終的に意思決定し、係に命令・指示を出すのは上司ということである。意思決定が行われ、命令や指示があったときは、係長は、基本的に、こうした上司の命令・指示には、適切に従うべき立場であることを忘れてはならない。

3 上司の代理を務める

係長は、様々な場合に上司の代理を求められる。

例えば、上司が不在のときに部長や他部門からの質問に答えるとか、緊急の事態においてとっさの判断をする、などである。また、市民への説明や式典への参加なども、係長が課長に代わって行う場合が少なくない。

係長は、平素より、こうした上司の代理に対応できるように職務に研鑽しておくとともに、具体的に代理が予定された場合は、その個別の問題について、あらためて勉強するなど、万全の準備をする必要がある。

係長が上司を代理するに際して、緊急事態などにより係長が適宜の判断をすることになった場合は、判断を誤らないよう、関係する職員に話を聞いたり、他の関連部課係から助言を得るなどの対応が必要である。

また、適宜の判断をしたのちは、できるだけ早く上司に報告し、必要な事後対応があれば、その指示を受けることが重要である。

4 「ホウレンソウ」を確実に行う

係長は、上司と十分に意思疎通を図らなければならない。このために係長が常に頭に入れておかなければならないのは、「ホウレンソウ」、すなわち、「報告・連絡・相談」である。係は、係だけで独立して業務を行うのではない。係は、課の組織の一部であり、係長は、上司である課長と常に情報を共有していなければならない。

すなわち、何か状況に変化があった場合などは、係長は、直ちに上司に「報告」することが必要である。また、普段から様々な「連絡」に心がけ、情報を共有していることが必要である。さらに、係が何かをしようとするときには、係長は、上司に対して「相談」することが必要である。

(1) 報告

係長から上司へのコミュニケーションにおいて、重要事項の「報告」は極めて大事である。

「報告」は、会議への出席や事件への対応などのあとに、上司にその内容などを伝えることである。「報告」は、円滑な職務の遂行のうえで不可欠である。「報告」について特に留意すべき点は、次の3点である。

① **正確であること**……正しく情報をつかみ、情報の出どころをはっきりさせて報告する。

② **適切な時期に報告する**……報告はできるだけ早く、情報が新鮮な時期に行う。正確な資料が間に合わないときは、推定の根拠を明確にして、とりあえず報告し、資料が揃ったら追加報告をする。長い期間の業務については、状況が変化した場合などに中間報告する。

③ **内容が正しく効果的に伝わるように報告する**……結論をはじめに出す、表現を簡潔にする、誤解の生じる表現は避ける、事実と意見を明

確に区別する、口頭だけでなく文書を用いたり録音や写真、動画なども適宜活用する、などに注意するとよい。

⑵ 連絡

係長から上司へのコミュニケーションにおいて、適宜、「連絡」をする必要がある。「連絡」は、取りかかっている事業の現状や係職員の様子、報道などで流れた事業に関連するニュースなど、些細なことも含めて、上司に知らせることである。

こうした情報の共有を通して、課長や係長、係職員などが思わぬ課題に気づいたり、係として事業展開のヒントを得たりすることが少なくない。平素のコミュニケーションとして重要なので、係長は、積極的に「連絡」に心がけるようにする。

⑶ 相談

係長は、担当している事業の展開などに合わせて、適宜、上司に相談するように心がけることが必要である。とくに、重要な案件を実施しようとするときは、上司には必ず事前に相談し、助言等を求める。

相談する際には、相談したい事案の事実関係と問題点について、あらかじめ整理しておくように心がける。事案の整理に当たっては、事案の現状（市長の発言、住民の考え方、議員の意見、法令関係の事実、事案の経過など）、メリット（公益や他の事業への波及効果など）、デメリット（費用、他事業への影響など）について、考慮に入れるとよい。

係長は、上司と相談するときには、話が拡散しないように、論点のメモなどを作成して、それをもとに事案を説明し、助言を得るようにする。

また、相談しようとするときは、上司の様子に注意することもスムーズな相談につながる。例えば、上司がほかの者と打ち合わせをしているとか、急ぎの用にかかっているなどのときは避け、話を聞いてもらい、有効な助言が得られるようなタイミングを見計らうことが適当である。しかし、様子を見ることを優先し、望ましい相談の時機を逸することがないよう、十分な注意が必要である。

第5章 横との連携

係の事案であっても、他の係・課等と関係のある事項については、係を越えた情報共有や協議、調整などが必要である。係長は、隣の係、他の課や部など、横の連携に留意しなければならない。

1 諸手段による横との連携

横との連携は、具体的には、電話やメールを使う、職場を訪ねる、会議を開催するなどの方法がある。状況に応じて、有効な方法を活用する。

「電話」は、肉声でコミュニケーションをとることができる点がよいが、1人ひとりへの連絡しかできない。また、口頭による連絡は、正しく内容や意図が伝わるかなど、限界がある。

「メール」は、フェイス・ツー・フェイスでないので本格的な調整は難しいが、文章にて内容を確認するうえでは有効である。また、一斉に意見を聞くなどで活用できる。

「職場を訪ねる」のは、個別に話ができ、相手の表情などもわかり、非常に有益である。しかし、時間と手間の点でデメリットがある。他所にいる複数の人と一度に調整などできないことも限界である。特定の重要な人と重要な事項について打ち合わせする場合などには適している。

関係ある部所などと一斉に情報共有、協議・調整などを行うため、「会議」が活用される。ネットを利用した「オンライン会議」も積極的に活用したい。ネット利用は、遠距離の場合など、「職場を訪ねる」ことの代わりに活用するのも便利である。

以上に加え、各自治体が整備している庁内ネットワークや「SNS」を活用することも十分に考慮したい。

横の調整の成否は、相互のコミュニケーションがスムーズであるかどうかに大きくかかっている。フォーマル、インフォーマルを問わず、普段から人間関係をよくしておくことが大事である。

他の係・課・部は、自分の係とは異なる情報のもとに、異なる考え方を持っていることを理解すべきである。また、他の係などは自分の係の内部

ではないことをあらためて認識し、必要な「情報管理を徹底」することも重要であり、十分注意すべきである。横との協議や調整等に当たっては、相手の立場を理解し、尊重することが大事である。

2 会議の活用

職場で活用される会議には、次のようなものがある。「オンライン会議」を含め、会議を開催するに当たっては、会議の目的を明確にすることが必要である。

① **情報を伝えることに主眼を置く会議**……説明会や報告会と同じ機能である。メンバーの共通理解を得ることが大事な目的である。

② **情報を引き出すことに主眼を置く会議**……メンバーから関連する情報や意見を求める会議である。

③ **問題を解決するための会議**……メンバーの意見などを積極的に交換し、問題の解決策を探り、協議しながら、解決策を選択し、決定していくための会議である。

「会議」は、効率的に行わなければ時間と費用の無駄となる。より効率的な会議を運営するため、開催に当たっては、次のようなポイントに注意すべきである。

① **会議の目的をメンバーに明確に理解してもらう**……会議全体を通して、会議の目的を皆が理解し、会議が目指す目的からずれないように注意することが重要である。

② **会議運営に必要な心構えをメンバーに持ってもらう**……話を長時間独占しない、発言者の意見をよく聞き理解する、相手の立場を尊重する、会議の方向性を見失わない、細かなことに拘泥せず建設的に進める、などが重要である。

③ **会議を組織的に進める**……会議の主題の確認、解決策の提示、討議、解決の方向性の確認・決定など、順を追って会議を進行させる。会議の進行は、司会者に従うことが必要である。

第6章 まとめ－係長の日常のマネジメント

　係長は、プレイング・マネージャーであり、業務を自らも実施しながら、係職員を指揮・監督し、人材育成にも配慮しながら、係業務全体を推進していく役割を持つ。

　したがって、係長は、まず、仕事に精通する。自分自身を固めることが第一である。

　次に係長は、係のチームワークに留意する。自分ひとりで仕事ができるわけではないので、職員1人ひとりへの働きかけや会議などにより、常に係職員と良好なコミュニケーションを維持し、仕事の内容を係内で共有するとともに、係としての一体感を醸成する。係という自分の足元を固めることが第二である。

　そのうえで係長は、リーダーシップを発揮し、係業務を進める。係の目標を示し、職員を動機づけ、適切な進行管理により、引っ張っていく。第一、第二の基礎のうえに立って、業務を円滑に推進していくのである。

　このような過程において、上司である課長や部長、あるいは同僚たる他の係長や他の課・部の職員などと良好なコミュニケーションを保ち、上および横との連携を忘れないようにする。とくに、上司との連携は基本的かつ極めて重要である。また、組織の外部である住民や議員などと接するときは、係の仕事が行政の外部に出ていくことを十分に認識し、丁寧かつ正確、慎重に対応することが重要である。さらに、社会経済の状況や国の動きなどには常に留意し、係や課の業務について、常に問題意識を持ち、積極的に課題を把握するように心がける。

　係職員の育成は、こうした業務の1つひとつの過程を通して行われ、あわせて、係長自身も勉強し、成長していくことを目指す。職場外研修への動機づけや自己啓発が促進される職場づくりにも積極的に取り組んでいく。人を育てることは、自分の成長に結びつくということを念頭に置いておきたい。

　業務がはかどり、コミュニケーションが円滑であり、組織が一体感を持ち、職員1人ひとりが成長すれば、仕事の達成感とやりがいは大きい。係長は、このようにして、職責を果たしていくのである。

第2部

事例編

1 部下の指導・育成

事例	1	新任係長のところには経験豊かな職員がいて

　春の定期人事異動で昇任したＡは、これまで経験のない仕事をするＮ係の係長に配属された。

　Ｎ係の業務は、福祉サービスに関するものであるが、かなりの経験と的確な判断を求められるものであった。Ａ係長は、就任当初から積極的に業務について勉強し、事務執行に必要な法令の理解に努めた。しかし、事業体系が複雑なこともあり、明確に全部を理解するまでには至らなかった。こうしたなか、福祉サービス提供の可否などについて、Ａ係長がときどき見当違いな判断をすることがあったため、難しい問題があるときには、課長は、Ａ係長と一緒に知識と経験が豊かな職員のＢ主任を呼び、その意見を聞いた。

　Ａ係長は、このような場合、Ｂ主任の言うことを横で聞き、事業の理解に努め、その結果、理解がかなり進んだと思っていたが、課長が何かにつけてＢ主任の意見を尊重することが多かったことには内心面白くなかった。

　さらに、ときどき開く係内会議においては、係職員はＡ係長よりもＢ主任の肩を持ち、係長の意見に対しては冷淡であり、かつ、批判的な場面も多々あった。

　着任後、３か月経過したころ、新任係長として大いに手腕を発揮しようとしていたＡ係長の意欲は次第に減退し、自信を失いかけてきた。

分析　「まだ慣れていないから」ではすまされない

　「新任係長として大いに手腕を発揮しよう」と思っていたＡ係長がこのような状況では残念である。どのような状況なのであろうか。

　Ａ係長にしてみれば、Ｎ係は、経験したことのない業務をする係であり、しかも初めての係長職である。「まだ３か月しかたっていない。業務や係長という新しい職責についても、勉強と経験が必要である。じっくりと取り組んでやっていこう」と思っていただろう。また、Ａ係長から見て、Ｂ主任は経験が豊かで職務に精通している。したがって、仕事はＢ主任のほ

うができるのは当然かもしれない。しかし、Ｂ主任だけが評価され、Ｂ主任のみが肩を持たれる。Ａ係長としては、Ｂ主任だけが重用されるのはおかしい、もっと自分を評価してほしいと思っているのであろう。

本事例の本質はどこにあるのか。まず、Ａ係長は、就任して期間が短いとか、当該業務は困難な業務であるなどと言い訳をしてはいけない。市民は待ってくれない。職員も課長も待ってくれない。精一杯努力して、自らの業務内容を直ちに習得するなどして、的確に職務を遂行すべきである。「Ｂ主任の言うことを横で聞き、事業の理解に努める」などと悠長なことではだめである。

課長や職員がＢ主任に頼るのは、理不尽な理由があるならともかく、本事例の場合はやむを得ないと考えるべきである。Ａ係長が職務についてわかっていないし、判断も的確でないことが原因なのである。

またこの事例では、Ａ係長は、Ｂ主任との関係や課長との連携などにおいても問題がありそうである。

業務執行のうえで、正しい知識と経験は重要である。定年延長の動きのなか、事例のような状況において係長はどのように適切に係を運営していくかは、非常に重要な課題である。

問題点 ❓ 職務知識のほか、職場における連携などで問題

この事例の問題点としては、以下の点が指摘できる。

第一に、Ａ係長は、自らの業務内容を把握できていない。Ｎ係の業務はかなりの経験と的確な判断を求められるものである。それならなおさら、Ａ係長は猛勉強して、自らの業務について、早急に把握することが必要である。

第二に、Ａ係長は、現実の仕事の際、判断の仕方がおかしい。ときどきであっても、係長は、見当違いな判断をすることがあってはならない。係内で、信頼される判断をしていかなければならない。

第三に、Ａ係長は、Ｂ主任との関係において、連携がなされていない。自らの業務把握のために、Ａ係長はどのように努力したか。重要なキーマ

ンであるB主任との連携は不可欠である。また、課長との連携が不足している。A係長は、個々の事案の連絡や相談をその時だけ課長にするだけでなく、課長との日ごろの意思疎通が必要であるが、十分でない。

解決策　まずは業務の把握

　この事態を解決するため、A係長はどうすればよいか。

　第一に、A係長は、自らの業務内容を速やかに把握すべきである。事務分掌規程等による職務内容を基本に、関係法令や条例・規則、過去の実例などを確認、勉強する。また、過去の文書にもしっかりと目を通し、事業のこれまでの経緯や問題点、その時々の具体的な解決方法などを十分に理解する。

　重要な内容は文書に残されていないことも多いので、そのことについては、よく知っている職員に聞き取りをすることが必要である。その際は、B主任はよく知っていると思われるので、十分に時間を取ってもらうようにする。また、課長は管理職として、課長しか知りえないこともあるので、ざっくばらんにいろいろと教えてもらう。「就任して間もない」とか「いろいろ難しい事業だ」などと言い訳をせずに、早急に事業を把握する。

　第二に、判断力の醸成が必要である。判断の基本となるのは、まず職に関する知識であり、加えて、案件の事実関係である。基本的な知識のうえで事実関係を正しく把握する。さらに、誤った判断をしないように、必要に応じて、知識や経験のある職場の同僚などに相談することも必要である。本事例においては、とりわけ、B主任や係職員、課長に相談することが大切である。

　また、判断に必要な大局観を養うために、平素より、新聞やニュース、市の広報や市民の声などに積極的に接し、福祉事業のあり方などを中心に、問題意識を涵養しておく。

　第三に、A係長は、B主任や課長ともっと連携・協力すべきである。自らの業務把握のために力を借りるとともに、判断の際には必要に応じて、相談に乗ってもらう。常日頃からコミュニケーションをよくとって、この

事例のような何かのときに助けてもらえるよう、良好な関係をつくっておくことも重要である。

職場マネジメントのポイント

❖職務に必要な知識を十分に得ておくことが必須

　係長は、いくら論が立っても、業務内容を正しく把握していなければ適切な判断はできない。事例のように、就任したばかりなどと考えていてはならない。公務員は、市民からの納税を得て、行政を付託されている。係長は「知識は力なり」を銘記し、職務執行に必要な事項については、その背景や経緯、問題点などを含め、できるだけ早期に身に付け、仕事を進めることが必要である。

❖日々の判断は真剣勝負

　「判断」は、関係する物事を実際に動かしていくために非常に重要ある。係長は、1つひとつの判断を行うに当たっては、「真剣勝負」と考えて、自身が持つ経験や知識、能力を総動員する必要がある。また、判断は「独りよがり」ではだめであり、必要に応じて上司や経験豊かな職員、同僚の力も借りて、決して誤りがないように心がけなければならない。

　係長が最終的に適切な判断を下せるようになるためには、事案のメリットやデメリットなどを的確に分析できるような状況分析能力の涵養も不可欠である。係長には、日々の自己啓発が重要である。

❖業務推進には、縦横のつながりが大事

　係長は、業務を進めるに当たり、課長、主任、係職員、また場合によっては、他の係の職員などと十分に連携し、協力を得ることが大切である。具体的には、必要なときには、自分から積極的に声をかけて、相談に乗ってもらうように依頼する。そして、そのためにも、平素より良好な関係をつくっておく。

事例	2	経験が浅く、消極的な主任がいて

　このたびの定期人事異動で係長に昇任し、Ｋ係長に着任したＡは、数年前にＫ係に勤務していた経験があったので、自信を持って係長となった。しかし、着任してみると、適用される法令が改正され、仕事の進め方も変わっているので、過去の経験はあまり役に立たないようである。

　Ｋ係は、係長以下５人で構成されており、Ｂ主任が係内の総括事務を担当している。

　Ｂ主任はＫ係の業務の経験が浅く、かつ、仕事に対して消極的であり、係長の代行者としても不安があった。これに対してＣ主事は、係内で最も年少であるが、経験も豊富であり、そのうえ、非常に勉強家で仕事の知識も十分持っている。こうした状況から、Ａ係長は、着任当初はＢ主任と相談しながら仕事を進めていたが、難しい問題があるとむしろＣ主事の意見を聞き仕事を進めていく場合が多くなった。仕事でわからないことも、Ｃ主事に頼っている状況である。

　最近、Ａ係長は、Ｂ主任が仕事に対する自信を失い、また次第にＡ係長に対し非協力的な態度を感じるようになった。そして、他の２人の係員も係内の事務総括であるＢ主任のこうした様子から影響を受け、Ｋ係全体もまとまりが次第になくなっているようである。

　Ａ係長は、もう少しＢ主任に頑張ってもらいたいと思っている。

分析　Ｂ主任のせいにしてはいけない

　Ａ係長にしてみれば、係の適切な運営には主任の役割は欠かせない。いくら業務の経験が浅いとはいえ、Ｂは、主任という職である。係の事務総括でもあるので、係をしっかりまとめてもらいたい。もっと勉強して、係長の相談相手になってほしい。Ａ係長としては、このように考えるかもしれない。

　しかし、本事例の本質はどこにあるのか。まず、係の適切な運営はだれの責任かと言えば、言うまでもなく、Ａ係長の責任である。Ｂ主任のせい

にしてはいけない。

B主任が仕事に対する自信を失い、また次第にA係長に対し非協力的な態度をとるようになっているのはなぜか。B主任は、仕事に対して消極的な姿勢でもある。A係長による適切な指導が必要である。

K係のまとまりが次第に薄くなっているのも、A係長のB主任へのこのような接し方に原因があり、A係長によるK係の運営そのものの問題もありそうである。

問題点 ❓ B主任の問題はA係長が原因で、指導・育成の責務もある

この事例の問題点としては、以下の点が指摘できる。

第一に、A係長は、B主任を適切に指導できていない。B主任が仕事に対する自信を失ったのは、A係長が、難しい問題があるとC主事の意見を聞くようになり、B主任に対して意見を求めることがなくなってきたことが大きな理由である。A係長は、B主任への接し方の問題について、何も気づいていない。また、B主任が仕事に対しもっと積極的になるように指導する取組も、A係長は放棄している。

第二に、A係長は、K係の運営をB主任任せにしてしまっている。B主任が、係内の総括事務を担当しているとはいえ、係のまとまりがB主任次第では困る。A係長のK係運営への取組は、決定的に足りない。

第三に、A係長は、必要な職務知識を身に付けているとは言えない。必要な知識がなければ、B主任を指導することもできないし、K係を統括することもできない。また、基本的に、A係長は、係長としての自覚が十分とは言えない。

解決策 💡 B主任の指導・育成

A係長がとるべき解決策は、次のとおりである。

第一に、A係長は、自らのB主任への接し方を再考し、B主任が自信を持って職務に当たれるように指導することが必要である。

難しい問題が発生したとき、Ｃ主事の意見を聞くことも必要であるが、Ｂ主任をないがしろにしてはいけない。Ｂ主任の知識を深めるためにも、Ａ係長がＣ主事から話を聞くときも、Ｂ主任に同席してもらい、Ｂ主任には意見を求めるなどの対応が必要である。仕事を進めながら、Ｂ主任を育成していくという姿勢で当たるのである。

　また、Ｂ主任は、Ａ係長が、経験豊富で仕事の知識も十分持っているＣ主事の意見を聞くようになったからといって、自信を失ったり、係長に対し非協力的な態度をとったりするのは適当でなかった。自分の経験が浅かったら、経験も知識もあるＣ主事からいろいろ話を聞くなどして、自らの知識を増やしていくことが求められる。しかし、Ｂ主任は、消極的な性格から、それができていない。経験も浅いので、失敗を恐れて慎重になっていたのかもしれない。こうしたときＡ係長は、Ｂ主任がなぜ仕事に対して消極的であるかよく考え、インフォーマルな場を設けてざっくばらんに話し合ってみるなど、必要な対応をとるべきである。そのようなコミュニケーションを通して、Ａ係長は、Ｂ主任がより意欲的になるよう、触発していく。

　第二に、係運営の仕方を工夫し、係の力を統合することが必要である。Ｋ係の運営には、Ｂ主任、Ｃ主事をはじめ係員全員のより一層の活躍が求められる。係のまとまりがＢ主任次第では困る。

　例えば、難しい問題に対処するためにＣ主事の話を聞くに当たっては、Ｂ主任だけでなく他の係員も一緒に呼んで話を聞いたり、対応の仕方について、係全体で打ち合わせ会を開いて検討してみることも有意義である。業務に精通しているが一番年少ではあるＣ主事の持っているものを、Ｂ主任はじめ係員全員が身に付けられるように計らうことが必要であり、これを通して、Ｂ主任の育成、Ｃ主事のやる気の一層の喚起、係全体のコミュニケーションの活発化などを目指す。Ａ係長は、このように、係長自らが、係の適切な運営を図るべきである。

　第三に、Ａ係長は、過去の経験も活かしながら今の業務に的確に対応できるよう、自らの職務知識を充実させることが必要である。

　そのためには、Ｂ主任と一緒に勉強する、Ｃ主事はじめ、他の係員から

もよく話を聞く、過去の文書をじっくりと読んで理解したり、課長からも話を聞く、インターネットや業務に関する専門書など様々な媒体を通して、職務知識を身に付けていくことが大切である。

　また、基本的に、係長には、係員の力を十分に活かしながら、的確に係運営を推進していく責務がある。係員の能力や職務に対する姿勢が不十分であれば、適切に指導し、育成することが求められる。係長として、こうした姿勢は忘れてはならない。

職場マネジメントのポイント

◈経験の豊かな職員と浅い職員、気配りと指導が大事

　仕事は日々処理しなければならないので、すぐに役立つ職員を頼りにしがちとなる。事例のC主事は知識と経験がある係の年少職員で、ますますありそうなケースである。この場合、C主事を適切に評価し、B主任や他の係員への気配りや指導を怠らないように注意して、円滑で効率的な係運営を図りたい。

◈業務を推進しながら適切なOJTを

　事例では、例えば、C主事については、仕事ぶりをよく観察し、適切に評価しながら本人の意欲を伸ばし、成長を促す。また、経験の浅いB主任については、仕事を通じて実務能力を身に付けさせる。業務推進とOJTは、一体的に行っていくことにより、大きな効果があげられる。

◈短期的な課題と中長期的課題の両方を意識する

　職場には、当面の処理すべき短期的な課題と人材育成などの時間をかけながら達成すべき中長期的な課題がある。係長は、こうした両方をにらみ、並行して対処していくことが求められる。日々の仕事をこなしながら、人材育成と円滑な係運営をともに達成していくように心がけていくことが大切である。

事例	3	新任職員の指導をベテラン職員に任せておいたが

この4月、A係長のところに、今春大学を卒業して入庁してきたB が配属された。A係長の係は、4月から係長以下6人で構成されたが、 これは、昨年に法改正があり、今年度中に担当業務の新5か年計画を 策定しなければならないことから、係員2人の増員が認められ、他課 の新人のBと中堅職員Cが配属されたものである。

A係長は、4月から5月にかけては、前年度事業の後始末に追われ たので、Bの指導はベテラン職員のDに依頼しておいた。Bは、当初 は、新人らしく熱心に資料などを読んで勉強していたが、1か月程 たった5月中旬のある日、何の連絡もなく休んでしまった。

Dが家に連絡をとってみると、急用とのことであった。このように 2日間を休んだのちBが出勤してきたので、A係長はさっそくBを別 室に呼んで、休んだ理由を尋ねた。Bは、「役所に来るのがつらくなっ たのです。もうすぐ新5か年計画の策定にかからなければならないと いうのに、Dさんは、現行の5か年計画や関係法令集は提供してくれ ましたが、わからないことを質問しても、『忙しいので自分で勉強を』 と言うだけで、何も教えてくれません。他課へ配属された同期の友人 はバリバリやっているようなのに、私は毎日、コピーとりや封筒の宛 名書き、リストの整理など、雑用しかやらせてもらえない生活が嫌に なったのです」と言った。

A係長は、Bに無断欠勤したことを強く注意したのち、Dを呼んで Bの状況について話をし、Bへの指導方法を聞いたところ、Dは「私 も忙しくて細かく指導できません。夏になったら、新5か年計画の策 定作業を一緒にやるのですから、その時に教えればよいですよ」と 言った。

新5か年計画については上層部からの指示もかなりあり、近年の情 勢変化を受けた抜本的な見直しにより大がかりな作業にもなりかね ず、この状況では年度内策定はおぼつかない。

分析 ✎ Bの育成を部下任せにしてしまった

A係長にしてみれば、Bの指導をDに任せたにもかかわらず、Dは何も
やっていないので、大いに不満であろう。Dには、新人教育の大切さがわ
からないのか、自分が忙しいからといってDを放置することは適当である
はずがない、という気持ちかもしれない。

また、新入職員のBは、当初は新人らしく、熱心に資料などを読んでい
たが、5月中旬には、何の連絡もせずに休んでしまった。せっかく公務員
として、「地域住民のために奉仕しよう」と思っていただろうに、その気
持ちが続けられていない。A係長は、Bは意志が弱いと考えているかもし
れない。

しかし、DがBを放任することを許したのは、A係長である。

また、Bに対しては、A係長は、自ら何もやっていない。Dに指導を任
せてしまったところ、Bは仕事に不満を持ってしまった。Bのことを意志
が弱いと評価する前に、A係長は、自分の問題点をしっかりと認識するこ
とが必要である。

問題点 ❓ 新人職員への指導・育成体制が全くなく、服務規律の緩みも

この事例の問題点は、次のとおりである。

第一は、A係長が、Bへの指導・育成をDに丸投げし、放置したことで
ある。新人の指導・育成は、係長として非常に重要な役割である。「地域
住民のために奉仕しよう」とする気持ちは、新人職員ならだれでも持って
いる。A係長は、Bのこうした気持ちを伸ばしていくことが求められる。
Bの指導は、ベテランのDに依頼しておいたというが、A係長はその後、
Dに必要なアプローチをしていない。A係長がDに指導の任に当たらせる
というなら、それが適切に行われるような指導などの体制整備が必要で
あった。

第二は、A係長は、Bへの直接の指導・育成について、自ら、何もして
いなかった。いくら忙しいといっても、日常に接する機会は様々にある。

いろいろな機会をとらえて、A係長は、Bに対して、直接の指導・育成をしっかりとすべきであった。

第三は、職場における服務のゆるみである。届け出のない遅刻や休みなどは、地方公務員としてあってはならないことである。

解決策 人材育成は係長の仕事、服務規律は職場の基本

A係長のとるべき解決策は、次のとおりである。

第一は、A係長は、Bへの指導・育成体制を整備することである。

そもそも、A係長がDにBの指導を依頼しようとするなら、当初において、Bへの「育成の考え方」や「具体的な方法」、「スケジュール」などについてDと意志統一すべきであった。そして、A係長は定期的に観察を行うのはもとより、必要に応じて、DからBの様子について報告を受け、その内容によって、必要な指示等をすべきであった。

こうした体制づくりがないままに、Bの指導をDに任せきりにして今日に至っているわけであるが、Bの指導のためには、A係長と係職員との連携による指導が不可欠である。そこで、現時点においては、新5か年計画の策定という業務日程と関連づけながら、Bの「育成の考え方」や「具体的な方法」、「スケジュール」、「指導に当たるDからA係長への報告のタイミング」などを決めて、Bの指導に当たっていくべきである。

また、そもそもDに指導を任せることが適当であるか、あらためて検討する。Dの能力、姿勢などを十分に検討し、場合によっては、他の適任者に指導を依頼することも考える。

第二は、A係長自らも、Bに対して、積極的に働きかけるべきである。

毎朝の挨拶、仕事中の声がけ、アフターファイブなど、様々な機会を活用して、Bの様子を自ら把握する。また、Bが仕事で悩んでいるようなときは、積極的に話しかけてみることなども大切である。仕事に関連する資料を提供したり、仕事の意義や自分の経験からの教訓など、Bに話をしていくことも心がけなければならない。

係長には、「自分が職員を育成する」という、積極的で主体的な姿勢が

強く求められる。

第三は、服務規律の徹底である。

住民に信頼される地方公務員、役所組織の基本は、服務規律である。

届け出のない遅刻や休みなどが決して起こらないよう、新人職員はもとより、係全員で注意をして、職員が皆、高い意識を持つようにするのも、係長の重要な仕事である。この事例の場合、Bが2日間、連絡もなく休むようなことがないよう、個別の適切な指導が必要であった。起こってしまった今となっては、やむを得ないので、人事担当と連携し、給与上の取り扱いも含め、慎重な検討が必要である。

職場マネジメントのポイント

◈職員には任せる、そして、フォローする

職場の運営は、係長だけの力だけでできるものではない。そこで、職員はそれぞれ、仕事を分担し、あるいは係長から個別に仕事が依頼されることになる。

その際、まず重要なのは、職員の分担部分及び個別に依頼した部分の多くについては、職員に任せることである。ただ、注意が必要なのは、任せきりではだめということである。係長は、任せた業務の執行及び管理について、職員がどのように行動しているかを観察し、報告を求めて状況を正しく把握したうえ、必要な対応をとるなどのフォローが必要である。「任せたら必ずフォローする」ことを忘れてはならない。

◈自らやるべきことには、積極的に取り組む

事例の解決策にあるように、係長ができること、やるべきことについては、自らが積極的に取り組んでいくことが非常に重要である。係長は常に主体的で積極的な姿勢を持つことが必要であり、この点、日々、忘れないように注意したい。

| 事例 | 4 | 異動してきた職員の元気がなくなってきて |

　Ｔ課で企画部門をあずかるＵ係のＡ係長は、市役所に勤務するように
なって９年目で、係長クラスのなかでは、比較的、若い方である。

　最近、Ａ係長が悩んでいることがある。それは、現在のＵ係にＡ係
長と同じくらいの年齢のＢが異動してきて半年くらいになるが、Ｂ
は、最近、とみに元気がなくなってきたことである。Ｂは、学校卒業
以来、市に在職し、福祉の現場を中心に経験しており、企画部門は今
回初めてである。４月の時点では、現場の経験と苦労を活かして、精
一杯、企画の仕事に取り組むと張り切っていたところだったので、Ａ
は戸惑っている。

　Ｂは、当初は朝早くから出勤し、仕事に関係するウェブサイトの新
着情報や当日の新聞などに目を通し、必要なところは要約するなどし
て係内で回覧などもしていた。しかし最近は、始業時間ぎりぎりに出
勤し、元気な挨拶も聞かれなくなった。会議の場での発言も少なくな
り、作成した資料には簡単なミスが散見されるようになった。

　Ｂは、市民の意識調査の仕事に取り組んでおり、先日は、係会にお
いて、調査のためインターネットを活用しようとのアイデアを出した
が、係会では、インターネットを使わない人はどうするのか、ウイル
ス対策や個人情報の保護、メンテナンスが大変、などと問題点が次々
に出され、結局、活用は見送りになった。その時も、Ｂは、当初の提
案ではひととおり発言したが、あとは特に反論もせず、黙ったままで
あった。

　Ｂの様子について、Ａ係長は、係の職員の何人かに聞いてみたが、
皆、普段あまり話をしないのでわからないとのことであった。Ａは、
Ｕ係の仕事は多種多様であり、職員で分担される仕事は相互の関連が
少ないので、こうした状況もやむを得ないかとあらためて思った。

　しかし、これから年度の後半に向け、係の仕事を本格的に進めてい
かなければならないこともあり、ＡはＢについて、どのようにしたら
よいかと思い始めた。

分析 📝 A係長が気づかない問題が多く潜んでいる

　A係長は、若手の優秀な職員であり、企画部門という難しいポストについていることに気概を感じ、すべての業務をスムーズに進めていきたいと考えているのであろう。そのためにはBも重要な戦力であり、何とかしなければいけないと考え始めたようである。

　しかし、このような姿勢の一面として、Bに対しての接し方には、少なからず問題があったと思慮される。Bは、張り切って仕事に取り組んでいたとはいえ、福祉部門の現場が長く、企画部門は初めてである。市民意識調査の仕事も初めてであろう。こうしたなかで、Aに問われるのは、Bが力を発揮できるような適切な環境を用意してきたかということである。

　この事例では、部下職員の把握、部下職員への働きかけや指導、職場のコミュニケーションなどの観点から考える必要がある。

問題点 ❓ Bの状況を把握し、それに即した指導を行うことができていなかった

　この事例の問題点は、次のとおりである。

　第一は、A係長は、Bの状況を十分に把握できていなかったことである。Bは、4月の時点では張り切っていたのであり、最近は様変わりである。日々の様子を見ていれば、そのきっかけや原因などはある程度わかるであろうし、自分でわからなければ、職員に聞いてみることもできた。A係長はこれを怠ったために、今日の状況にまで至ってしまった。

　第二は、A係長は、Bに対して、十分な指導や働きかけができていなかったことである。Bが当初やっていた新着情報の回覧などは、係としても有益なので、これを評価し、Bがそれを続けやすいように支援することができたはずである。また、会議の場においては、Bが自由闊達に発言し、会議が有益に運営できるよう、発言を促すなどの指導もできたはずである。Bの作成資料のミスについても、同様である。ミスがあればその都度、丁寧に誤りを正して、Bの業務への理解が深まり、仕事のスキルが高まるよう、指導することが重要であった。

第三は、A係長は、係内のコミュニケーションの円滑化、活発化を怠ったことである。この事例では、Bの様子についてA係長が係職員に聞いてみたところ、職員は皆、普段あまり話をしないのでわからないとのことであった。この係では、普段のコミュニケーションが活発に行われていないのである。しかもA係長は、そのことについて、U係の各職員に分担された仕事には相互の関連が少ないからやむを得ないということで、正当化してしまった。A係長の係内コミュニケーションに関する考え方や姿勢の面での問題は、このような場面を通して見てとることができる。

解決策　職員の指導について主体的に取り組む

　A係長のとるべき解決策は、次のとおりである。

　第一は、Bの状況を適切に把握することである。そのためには、ざっくばらんな打ち解けた雰囲気をつくり、Bから話を聞くことが必要である。しかし、Bが元気をなくしたのは、A係長のあり方自体に問題があったためである可能性もある。この場合は、Bと打ち解けた雰囲気をつくるには時間がかかるであろう。そのときには、Bの前職場の職員の力を借りることも必要である。A係長は、また、今後、このようなことが他の職員で再び起こることがないよう、職員の日々の出退勤状況、声の様子や様々な話の内容、仕事の進捗状況などに十分留意するとともに、職員への平素からの声がけを心がけることが必要である。

　第二は、A係長は、Bの状況から、Bが元気をなくしてきた原因を探り、その原因に即して、適切に対応していく必要がある。原因は、様々考えられる。(1)A係長のあり方自体の問題、(2)係内の人間関係やコミュニケーションのあり方、係の雰囲気など、係の問題、(3)Bのこれまでの経験などが活かせないもどかしさや失望など、Bと仕事との関係の問題、(4)職場環境の変化やストレスなどからくるBの精神面などでの問題、(5)Bの個人的な私生活のつまずきなど、Bの私生活からくる問題、などである。

　原因によっては、A係長だけでは解決が難しい場合がある。その場合は、課長や人事担当者、Bと親しい職員などの協力も必要である。Bの精神面

での問題の可能性がある場合は、産業医などとの連携も必要である。A係長は、誤った対応にならないよう、積極的かつ慎重な行動が求められる。

　第三は、A係長は、職場のコミュニケーションの改善に取り組むことが必要である。今回のBの原因がどの場合であれ、職場の円滑なコミュニケーションは不可欠である。

　職員同士が平素から円滑なコミュニケーションがとれるよう、A係長は率先して声がけをしていくとともに、業務については、定例の係会やこまめなミーティングなどにより、各職員の仕事の進捗状況などについての情報共有を進めていくことが重要である。A係長には、円滑な人間関係づくりと効率的な業務の推進の観点から、係長を中心とした明るい職場づくりを進めることが求められる。

職場マネジメントの　ポイント

※職員の提案は丁寧に検討し、業務改善につなげる

　事例におけるBの提案は、出された問題点に対してBが反論せず、係長も発言しなかったため見送りになった。しかし、こうした提案は、そのままでは実施できないかもしれないが、いくつかの工夫や問題解決により、アイデアが活かせることが少なくない。係長は、職員のアイデアが活かされ、担当する業務が一歩でも二歩でも改善されるよう、打ち合わせや会議の場で出された提案などには様々な検討を丁寧に行っていくことが大切である。

※通り一遍な会議進行ではもったいない

　会議は、関係者が一堂に会するせっかくの場である。参加者から提案などが出されたとき、会議メンバーは、反論することはもちろん大事であるが、一方で、提案の意義や背景などを考え、それを活かすことができないか考え、積極的に発言したい。会議の進行者は、こうした視点から、メンバーに考える時間を与えたり、発言を促すような会議進行を心掛けることにも留意したい。

| 事例 | **5** | **決められたとおりに従わない職員がいて** |

　A係長は、自分が在籍するM係にいるBには手を焼いている。Bは、採用されて7年になる。仕事もいろいろ経験し、職場の中核として活躍してもらわなければならないのに、まったく逆である。

　Bは、仕事を決められたとおりやらない。M係の仕事には業務処理マニュアルがあるが、Bはこのとおりやるとかえって手間がかかるなどと言って、別の手順で仕事を処理しようとする。そして、その結果、仕事のミスや遅れが生じてしまうのである。A係長は、あまりひどい場合はマニュアルどおりやるようにと注意するが、Bは、マニュアルの問題をあれこれ言って弁明し、一応わかったと言うが、いつのまにかマニュアルに反した業務の執行に戻り、また誤りを繰り返す。

　またBは、最近では、住民とのトラブルも引き起こすようになった。M係の仕事のなかには、住民と直接接する業務がある。Bがそれを担当した場合、十分に内容を理解していないところを住民に聞かれると、Bは誤ったことを適当に説明して事務を進めてしまうので、のちに誤りがわかるのである。誤った処理をされた住民がM係に怒鳴り込んでくる、という事例も生じている。

　係のなかでこのようなBを抱えたA係長は、どのように対応したらよいか。

分析 ✏️ **係長は十分に指導できているか**

　このようなトラブル・メーカーは、そこかしこのポストにいて、職場の混乱を招いている。こうした職員を抱えた係長は、「とにかく困ったものだ」とさじを投げてしまい、次の係長に引き継げばよいなどと考えてしまう者もいる。

　しかし、A係長がBをこのまま放置しては問題は解決せず、そればかりか、「Aは、係長としての仕事を放棄している」との評価を受けてしまう。Bが引き起こしている問題をよく考え、適切にBを指導していかなければならない。

前段「マニュアル」の事例、および後段「住民対応」の事例を通して、Bの行動は、係長の職務上の指示を聞かないので、「職務命令違反」に当たる。また、仕事のミスや遅れにより、市の行政運営上の損害を与えているのみならず、住民に対しても実害を与えている。こうしたことから、A係長は、事態の進展によっては、Bに対して、地方公務員法が規定する懲戒や分限といった対応も視野に入れる必要がある。

　地方公務員法によれば、任命権者は、職員が、①法令等に違反した場合、②職務上の義務に違反し、または職務を怠った場合、③全体の奉仕者たるにふさわしくない非行のあった場合には、戒告、減給、停職、免職の懲戒処分をすることができる。

　また、任命権者は、職員の勤務実績がよくない場合、職員に心身の故障がある場合、職に必要な適格性を欠くなどの場合には、降任、免職、休職、降給の分限処分を行うことができる。

問題点 ? **A係長はBを指導できていない**

　この事例の問題点は、次のとおりである。

　第一は、A係長のBへの指導不足である。

　前段の「マニュアル」の事例について、A係長は、「あまりひどい場合はマニュアルどおりやるようにと注意する」とあるが、これではあいまいでだめである。どのような場合に指導し、どのような場合に指導しないのかはっきりしない。指導したりしなかったりでは、指導は徹底せず、Bにとっては、何が許されて何が許されないのか、理解できないことになる。

　後段の「住民対応」の事例については、Bは、業務に必要な知識が不足していると言える。Bは、こうした不足した知識により住民に対して誤った事務処理をするのであるから、今の状態のままでは、住民に接する場でBに仕事をさせるべきではない。

　第二は、A係長は、Bの服務違反に対して必要な処分をすることが視野に入っていないことである。

　Bには、自己研鑽により業務に関する知識を身に付けようとする意欲や、

上司の指示を受けて適切な事務処理をしようする姿勢が見られず、平気でミスやトラブルを繰り返している。こうした場合、A係長は、普段の通常の指導にとどまらず、Bに対する懲戒や分限処分を視野に入れた対応が必要であるが、A係長はそれをしていない。

第三は、A係長は、M係における適切な仕事の進め方について、十分な対応を行っていないことである。

Bは、「M係の業務処理マニュアルでは、余計な手間がかかる」、などの問題を指摘しているが、A係長がその指摘に対して前向きな対応した形跡はない。マニュアルに問題があるのかどうか、あるとしたらどのように改善すべきかなど、A係長は、課題を認識し、検討すべきである。

解決策　法令も視野に入れて適切な対応を

A係長のとるべき解決策は、次のとおりである。

第一は、本問のような問題が起こった場合、A係長は、Bをより適切に指導することが必要である。

まずBは、「マニュアル」の事例のように係長の指示に従わないのであるから、A係長は、「あまりひどい」ときだけでなく、「常時」Bを指導していくことが必要である。A係長は、職務命令として、「こうこうこういうように業務を行うように」と、具体的な指示を明確に出すことが必要である。

また、「住民対応」の事例のように、そもそもBは、職務に必要な知識を身に付けていないのであるから、A係長は、Bに対して、職務に必要な知識（本事例のマニュアルを含める）を具体的に示し、それを「すべて理解し、職務で適用する」旨、指示することが必要である。また、必要に応じて、そのために研修を受けさせることも必要である。さらに、住民対応については、住民対応に当たっての注意事項を具体的に示し、それに従うことを指示することも必要である。また、現時点において、Bは職務に必要な知識が身に付いていないのであるから、A係長は、今の状態のままでBを住民に接する場で仕事をさせるのでなく、係長が付ききりになって指

導するなど、必要な対応をとるべきである。

　第二に、Bは仕事のミスやトラブルを繰り返しているので、Bに対しては、法令による処分も視野に入れた対応が必要である。

　具体的には、A係長は、Bが行った問題ある行動の内容と、それに対するA係長のBに対する指示・指導とBの反応について、記録を取ることが必要である。また、これらの状況については、上司である課長に逐一報告し、必要な指示を得なければならない。課長とも相談しながら、口頭による指示・注意、文書による指示・注意などを繰り返し行い、それでもBの行動に改善が見られないならば、地方公務員法や各自治体の条例などによって、Bを適切に処分することが必要となる。記録は、その場合、絶対に必要なので、係長としてはその用意に万全を期さなければならない。

　第三に、A係長は、Bの指摘する業務処理マニュアル等の問題について、しっかりとその問題を認識し、検討すべきである。

　Bの主張に理由があるのかどうか、真摯に検討し、必要ならば改善をして、係の業務執行をより一層、効率的・効果的なものにしていかなければならない。

職場マネジメントのポイント

❖職員の指導を怠ると係長も指導・処分の対象になる

　事例のような勤務態度がよくない職員が処分を受けることになった場合、仮に、その上司である係長が当該職員の指導を怠っていたとなると、部下職員だけでなく、係長も管理を怠ったことを理由に処分等を受けることもある。係長は、常に、係職員の行動を十分に把握し、必要な指導を的確に行っていくことが求められるのである。

❖常に職員の育成に心がける

　係長は、事例のような問題が起こった場合にとどまらず、平素より職員の育成に努力すべきことは言うまでもない。普段の努力によりこうした問題が生じないようにしていくことも、極めて重要な係長の役割である。

事例 6　多職種の職員、短時間勤務職員でコミュニケーション不足の状況が

　市立Ｔ会館は、電気・設備の技術職員や社会教育担当の事務職員、福祉関係のケースワーカーや一般の事務職員など、様々な職種の職員で構成され、短時間勤務職員も在籍している。庶務係長のＡは、着任以来、この異なる職種の職員や短時間勤務職員などで構成される職場のなかでいかにコミュニケーションを図って、会館の円滑な運営をしていくか、ということに頭を悩ませている。先日実施したイベントの反省会では、技術職員のほうから、「ケースワーカーに伝えられていた情報が自分たちには伝わっていなかった」とのクレームが出された一方、このことに対して社会教育担当の職員からは、「技術職員には当該情報は直接関係がないので、技術職員は知らなくとも問題ない」との発言も出されたところである。３人の短時間勤務職員からは、「短時間勤務ということからか、職場で起こっている問題や、前日の出来事などがよくわからない」という声があがった。
　職員は、直接的にはそれぞれ違う仕事をしているが、会館の運営という共通の目的に向かって、もっと一致協力した体制がとれるはずだ、というのがＡ係長の考えである。
　館長のＢは、２年もすれば自身が異動していくという気持ちがあるためか、あまり関心を持ってくれないように見える。Ａ係長は、昨日の館内会議においては、以前より皆に訴えてきた「館運営についての全員協議の場」づくりについて主張したが、前向きの反応は得られなかった。
　自分の気持ちがわかってもらえず、Ａ係長は、どのように対処したらよいか困っている。

分析　コミュニケーション不足の理由はＡ係長

　Ｔ会館のこの職場では、コミュニケーション不足が明らかである。事例にあるように、ケースワーカーに伝えられていた情報が技術職員に伝わっていなかったのは、少なくとも、技術職員はその情報がほしかったのであ

るから、問題である。また、こうした状況について、社会教育担当の職員から、技術職員は知らなくともよい旨の発言があったことも問題である。3人の短時間勤務職員の発言も深刻である。職員にとって必要な（および、必要と思われる）情報は、きちんと伝達されなければならない。

　必要な情報が伝わらない原因は何であろうか。A係長は、T会館においては、様々な職員がいることが円滑な運営を阻害しているかのように思っているかもしれないが、それは本質的な捉え方ではない。多くの職種の職員がいることは、むしろ、多くの価値観が互いに刺激しあうことにより、T会館の仕事の質が高まる可能性を持っている。

　A係長はまた、館長のBが事なかれ主義であることが問題と考えているかもしれない。しかし、B館長は、果たして館の運営について不熱心なのかどうか、一概に決めつけてしまうのは適当でない。B館長のほうが、A係長は不熱心と思っているかもしれない。

　A係長が提案する「館運営についての全員協議の場」は、館の実態に合った問題解決策であろうか。皆が前向きな反応をしないのは、A係長の提案が、実情に合ったものでない可能性がある。

　A係長がなすべきことは何か。A係長は、日々の自身の取り組みのなかから、自分が庶務係長として取り組むべきことを認識し、問題の解決策を探っていくべきである。

問題点 ❓ A係長はコミュニケーション・ルートを確立していない

　A係長の問題点は何か。整理すると、次の3点があげられる。

　第一は、A係長は、この職場において、日々のコミュニケーション・ルートを確立していないことである。

　仕事に必要な情報は、各係や担当者で発生する。これを必要な職員に行きわたるようにするためには、いずれかのポストの者がそれらの情報を集約し、各職員に提供することが必要である。そして、その集約の任に当たるべきは、庶務係長である。A係長は、その役割を十分に果たしていない。

　第二は、A係長とB館長との間でコミュニケーションと連携不足が生じ

ており、相互の信頼関係が形成されていないことである。会館の適切な運営には、庶務係長の館長との連携が不可欠である。

　第三は、A係長が考える「館運営についての全員の協議の場」は、館の問題を解決する適切な方策であるか再考したい。なぜ「全員」が集まる場を新しく作らなければならないのか、その手間に見合った効果があるかなどについて、館の職員にとって納得性が低いのが実情であるかもしれない。

解決策 　まずは適切なコミュニケーション・ルートを作ろう

　A係長は、次のような対応策をとるべきである。

　第一は、館における適切なコミュニケーション・ルートを作ることである。基本的には、館の運営のうえで重要な情報があったら、各職員、各係長は、それをB館長に報告する、A係長に情報提供するなどというルールをあらためて確認する。B館長へ報告された内容は、報告の場へのA係長の同席を含めて、A係長がすべて把握する。そして、A係長は、そのようにして得た情報を係長会、回覧、直接の伝達などの方法で関係する係および全職員に提供するのである。そのうえで、非常勤職員を含め、館の日々の状況共有のための「仕事の引き継ぎルール」を確立することも極めて重要である。

　T会館の場合、多くの職種の職員がいるので、コミュニケーションの円滑化や仕事の更なる深化のため、館内において時間を捻出し、仕事に関する報告会や勉強会などを設定することも、有効であろう。

　また、A係長は、このような仕組みのほかに、日々、職員とのコミュニケーションに留意し、各職員がどんなことを問題と思って仕事をしているのかなどを把握するように努めることも必要である。情報は、待っているだけでなく、積極的に取りに行くのである。

　A係長は、このような様々なコミュニケーションを通して、館に関わる情報の共有がいかに大切かという意識を職員の皆で共有するよう、心がける。Aは、庶務係長として、このような仕組みを作り、運営していくこと、自らが実践していくことが非常に重要である。

第二は、Ａ係長は、Ｂ館長と同じ認識で館の運営に当たっていけるよう、意思疎通を図るべきである。「２年もすれば自身は異動していくという気持ちがあるためかあまり関心を持ってくれない」などと、Ｂ館長を決めつけてはいけない。館の適切な運営に館長の役割は絶対的に重要であり、それを補佐するのは庶務係長である。

　会議、打ち合わせなどへの同席や、普段のコミュニケーションにより、Ｂ館長との意思疎通に万全を期さなければならない。第一で述べたコミュニケーション・ルートの確立やその利用の徹底、職員同士のコミュニケーションの円滑化と情報共有の大切さなどは、Ａ係長からＢ館長に依頼し、館長のほうから館の職員全員に徹底してもらうなどの対応も有効である。

　第三は、Ａ係長が当面の解決策として提案した「館運営についての全員協議の場」については、あらためて、館の実状に合った最もよい解決策は何か、再考するのがよさそうである。新しい会議を作れば、手間もかかる。まずは、第一と第二の方策を実施し、そのうえで必要ならば組織を立ち上げるのがよい。その場合、きちんとＢ館長とも相談して、効率的で効果の高い仕組みを作っていく。

職場マネジメントのポイント

※仕組みを作ったら、使う

　事例の「コミュニケーション・ルートの取り決め」などのように、意思決定や調整の効率化、コミュニケーションの円滑化などのために「新たな仕組み」を作ることは非常に有効である。しかしここで注意すべきは、仕組みを作っただけでは、いつの間にか使われなくなったり、形式に流れたりして、目的が達せられなくなることも多いということである。

　コミュニケーション・ルートをはじめ、意思決定や調整などのために有効な仕組みは、組織の実情に応じて積極的に構築し、職場で共有し、積極的に使っていくことが重要である。「仕組みは実際に使って初めて効果がある」ことを組織全体で十分に認識したい。

事例	7	専門性の高い仕事でバラバラな係

　M市の法制文書課N係は、7人で構成されている。総務部に所属していることから、選りすぐりの職員が集まるところとされ、特に法科系出身の職員にはあこがれの職場である。分掌事務は、条例・規則の制定・改廃、議案の作成・印刷、文書の収受・発送、公印管理、募金許可などである。

　しかし係の実情は、A係長も困り果てるほど、係職員同士がバラバラである。

　N係においては、職員がそれぞれ専門の仕事を担当しているため横の連絡がない。互いに、他の職員のやっている仕事の中身も進捗状況も全くわからない状況である。繁閑も人によってまちまちで、係内で協力してやろうという意識はない。係内の職員が忙しそうに残業していても、声をかけたり、手伝いを申し出る者はなく、職員は皆、自分のペースで退庁する。こうした実情なので、残業手当は、職員により大きな差がある。

　また、それぞれの担当の仕事が専門化しているため、係長はその仕事になかなか食い込めない。職員同士と同様、A係長も、係内の職員1人ひとりがどんな仕事をやっているのか、現在どの程度進捗しているのかなどについて、全くわからない。

　A係長としては、何とかして係内を一体化して、全体を調整したいし、また係長として1つひとつの事務を理解し、自分の意見を仕事に反映させたいと思っているが、担当者からは結果だけが報告されるので、どうしようもない。

　このような職場におかれたA係長は、どのように係を運営していったらよいか。

分析　A係長はN係を全く管理できていない

　各職員の仕事の専門性の高い職場の例である。こうした職場においては、リーダーの型は、放任型リーダーシップが有効と考えられるかもしれない。

しかし、係長として、この職場を実際に放任していいかと言えば、それは絶対にだめである。A係長は、この係の仕事を全く理解しておらず、それぞれの職員の仕事をチェックできていない。N係には、個人個人の目標は別として、係としての目標というものがない。A係長は、係を管理できていないのである。

放任型リーダーシップといっても、管理できていない状況が望ましいわけでは、決してない。1人ひとりを細かく管理するのでなく、細部は職員が扱うとしても、係長はポイント、ポイントで、管理・指導していかなければならない。

A係長は、係長としての当然の仕事である「仕事の進捗状況の把握とそのコントロールを通した職務の推進」、「職員と職場の管理」の2つの観点から、適切に取り組むべきである。

問題点❓ 仕事を理解できていないのは根本問題

A係長の問題点は、次のとおりである。

第一に、A係長は、係の仕事を理解していないことである。

いくら係の仕事の専門性が高いといっても、その内容を係長が全く理解していないようでは、係を管理するという係長の仕事を全うすることはできない。係長が係の仕事を理解することは、まずはじめに、当然必要なことである。仕事の細部はともかく、必要なポイントは十分に理解しなければならない。

第二に、A係長は、したがって、職員の仕事の把握と指導ができていないことである。

そもそも、この係には、個々人が自分なりに目指しているものはあっても、係としての公式の仕事の目標・計画がない。係長は、係全体の目標・計画、および、それを実現するための各職員の目標・計画を確立しなければならない。そのうえで、A係長は、職員の指導を行っていくのである。

第三にN係において、必要な情報が共有できていないことである。係全体の目標・計画、各職員の仕事の目標・計画などが係内で共有されていな

いので、係内での協力体制がなく、ひいては、職員の意識がバラバラで、係としての一体感が全くない。

これでは、係の業務を円滑に推進することはできない。

解決策 仕事を理解し、係で共有できる目標・計画をつくる

A係長のとるべき解決策は、次のとおりである。

第一は、A係長は、係の仕事を理解することである。ただし、その内容は、仕事の細部ではなく、必要なポイントである。具体的には、仕事の根拠、過去の経緯、主な作業内容、基本的な手順や流れ、対外的な要調整事項、今後の課題などである。このような各仕事に関わる重要事項について、係長はしっかりと押さえておくべきである。

このような点について理解していくためには、係長は、資料等に当たって基本的な知識を理解したうえで、直接担当する職員に尋ねることが有効であろう。また、知識を整理する1つの方法として、各仕事について、上記の事項ごとにわかったことを整理し、表などのような形でまとめておくのも効果的である。それぞれの仕事の違いと共通点がわかりやすくなり、便利である。

第二は、A係長は、係の目標や計画を係内で明らかにして、そのうえで係職員を指導していくことが必要である。

A係長は、まず、N係全体の目標・計画や各職員の目標・計画を明確にしていく。係全体の目標・計画は、各職員だけでなく、課長からも話を聞いて、まとめる。また、それぞれの職員の目標・計画は、それぞれの職員にあらためて考えてもらったうえで、その内容をよく聞き、課長からも助言・指示をもらって、個々に作成する。

A係長は、第一で述べた仕事のポイントの理解と、これら目標・計画をもとに、適宜、仕事の進捗状況を各職員から聞き、必要な指示や指導をするなど、進行管理を徹底する。

第三は、係の目標・計画を係全員で共有するなどして、係で効率的に仕事をしていくことである。

目標・計画は、係長だけで抱え込んだり、個々の職員が自分だけ理解するというのでなく、係で共有することが大事である。係の効率的な運営には、こうしたいわゆる「見える化」が有効である。職員それぞれの仕事がバラバラとはいえ、関連する事項は少なからずある。新しい企画や対外的な調整、あるいは単純作業など、必要に応じて、協力してやっていく体制を作ることが大切である。また、各職員の仕事の繁閑時期を見て、応援体制を作っていくことも重要である。相互に知恵を出し合って活用していくためのアイデア募集や、誰でもできる単純な作業の実施など、職員同士で協力してできることをのがさず、相互応援を進め、係の残業時間も削減していく。

職場マネジメントのポイント

❖仕事の「見える化」を推進する

　係の仕事は係全体で「見える化」することが有効である。例えば、係の仕事の手順をあらためて文書などの形で書き出す、組織目標や全体計画について係内会議で頻繁に確認する、具体的な内容を盛り込んだ資料に基づいて進行管理を徹底的に行う、週間目標と進捗状況を板書したり事業予定表をホワイトボードに貼り出す、係職員の日程をウェブツールによって共有する、などが考えられる。

　こうした「見える化」により係業務と職員の動きが明確になり、「係内のコミュニケーションが円滑になる」、「応援体制が組みやすくなる」、「計画的に休暇を取得しやすくなる」、「残業時間が削減できる」、「係の意識が一体化される」などのメリットが生じる。それぞれの職場で、実情に応じて工夫して取り組みたい。

|事例|8|長期療養職員の仕事の割り振りが思うようにいかない|

　Ａ係長は、春の定期人事異動で係長に昇任し、Ｌ係に配属になった。Ｌ係は、課内でも忙しい係で、係長以下５人の職員で構成されている。係の総括事務はＢ主任が担当している。Ｂ主任は、Ａ係長より年上のベテラン職員で、係経験も５年と長い。あとの３人のうち、Ｃ主事は、係経験３年の中堅職員であるが、Ｄ主事とＥ主事は、新規採用後２年と３年の若い職員である。

　Ａ係長が着任して３か月たった頃、Ｃ主事が病気になり、翌年の夏頃まで長期療養をすることになった。そこで、Ａ係長はＣ主事の分掌事務を皆で分担してもらえないかと係員に相談を持ちかけたが、仕事に対して消極的なＢ主任は、それでなくとも自分の仕事が多いと言って、いい返事をしない。

　Ａ係長は、結局、Ｂ主任の協力が得られないまま、残る２人の若い職員にＣ主事の仕事をやってもらうことにした。Ｄ主事とＥ主事は、なぜ自分たちが引き受けるのか釈然とせず、不満もあったようだが、何とか引き受けてくれた。２人は、その後、若いこともあって一生懸命やっていたが、最近は残業が多くなり、２人に疲れが見えてきたことはＡ係長の目にも明らかであった。

　Ａ係長は、Ｃ主事の仕事の割り振りはこれでよかったか、と思いはじめた。

分析　安易な解決策は破たんする

　Ａ係長は、中堅職員であるＣ主事が長期に欠けるという思わぬ困難な事態に遭遇したものの、Ｃ主事の仕事を何とか２人の職員に割り振ることができたので、ほっとしたかもしれない。しかし、Ｂ主任に断られたから２人の若手職員に、と安易な解決策に走ったので、このまま係運営が順調に進むとは考えられない。実際、Ｄ主事とＥ主事は、若いこともあって一生懸命やってくれていたが、最近は残業が多くなり、疲れも見えてきている。なぜ自分たちがＣ主事の仕事を引き受けるのかという疑問も、大きくなっ

ているのであろう。

　A係長が、C主事の仕事を割り振るに当たって考え、なすべきことをしなかったことの影響が出てきているのである。

　それでは、A係長がなすべきこととは何か。このような事態に対して、考えられる対応には業務分担の検討のほか、「係の執行体制を強化すること」と、「係の業務量を整理・縮小させること」がある。向こう１年間にわたり中堅職員のC主事が欠けるのであるから、後段の２つの側面からの対策の検討も必要である。具体的な対策は様々あろうが、A係長として、現実的で実践的な解決策が求められる。

問題点 ❓　必要な対策の検討がなされていない

　この事例におけるA係長の問題点は、次のとおりである。

　第一に、A係長は、C主事が長期に欠けることに対して、「係の執行体制を強化する」という側面からの対策の検討を怠っている。中堅職員が１年間も欠けるという状況なので、N係においては、B主任、D主事、E主事というこれまでの人員への応援体制を得る検討が必要である。

　第二に、A係長は、同様に、C主事が長期に欠けることに対して、「係の業務量を整理することや縮小させる」という側面からの対策の検討をしていない。L係は、課内でも忙しい係という。業務の整理や縮小そのものは、もちろん簡単ではないが、現状を踏まえると、A係長は、精一杯の対応をとるべきである。

　第三に、A係長は、C主事の仕事を割り振る過程において、調整不足があったと言わざるを得ない。まず、上記第一、第二の検討・対策がなされないまま、何が何でもC主事の仕事を割り振ろうという姿勢は適当でない。また、仕事が多いことを理由にB主任がいい返事をしなかったことだけで、D主事、E主事に話を持っていってしまった。このような理由でB主任との調整をあきらめてしまうのは、係長として適当でない。

解決策　係の体制整備と業務の簡素化・効率化などを図る

　A係長のとるべき解決策は、次のとおりである。

　第一に、A係長は、「係の執行体制を強化する」という側面から、対策を検討していく必要がある。

　まずは、人員体制について検討してみることである。これが妥当であるか、課長とも十分に相談し、そのうえで人事課に要望する。常勤職員のポストで一時的に欠員が生じたのであるから、臨時的任用職員を求めることは考えられる。しかし、年度途中ということもあり、これが難しいとなると、課内の他の係からの応援を考える。課内異動や時期的な応援などを課長に依頼する。反復作業や忙しい時期に他の係から応援を頼むなどの対策が考えられる。

　第二に、A係長は、「係の業務量を整理・縮小させる」という側面から、対策を検討し実施していく。

　この際、L係の業務のなかで不要不急の業務を見直す、なども考えられる。しかし、こうした見直しは、C主事の長期療養とは関わりなく、普段から時間をかけて検討すべき課題であろう。業務の一部廃止などは、住民サービスとの関わりが出てくることも多いので、慎重な検討が必要である。そこで、重複する仕事の整理や関連作業の統合、手順の簡素化など、仕事の1つひとつの簡素・効率化といった、現実的にできる手段や方法を考える。

　第三に、A係長は、適切な業務執行体制を確立するため、調整技術を発揮していく必要がある。

　本事例において、B主任の言うことは妥当かどうか、きちんとした分析が必要である。主任としてなすべきこと、現に担当している業務の量、その時期的な変動などを見極めたうえで、仮に、B主任にC主事の仕事の一部をやってもらうことができると判断したら、その判断材料をB主任に説明しながら、業務を担当してもらうことを要請する。D主事、E主事に対する依頼も同様である。それぞれの職員の状況をしっかりと理解したうえで、必要なことを依頼する。いずれの場合も納得が得られるかどうかが重

要なので、A係長は、B主任、D主事、E主事には十分説明したうえ、とことん意見を交わして、自分の意図を十分に理解してもらう必要がある。

　また、係の職員に新しいことを依頼するのであるから、A係長は、係長として自ら率先垂範することも重要である。C主事が担当していた業務のうち、いくつかは、自らが担当する。また、B主任、D主事、E主事に対しては、業務マニュアルの整備、関連スケジュールの調整など、今後の仕事を効率的に進める環境整備としてA係長が主体的に取り組むことなども、係職員に明確に示しながら実行していく必要がある。

職場マネジメントのポイント

❖「人員補充」を求めるだけではだめ

　事例の場合、問題の根本的な解決方法は、L係の人員を補充してもらうこと、あるいは、L係の業務量を減らすことであろう。しかし、現実を考えると、これら解決策は簡単に実現できるものではない。人員補充は、組織全体の限られた定数のなかでのやりくりとなるので、難しい。そもそも、どこの課・係においても余っている人員などはほとんどない。臨時的任用職員を受け入れることも様々な条件が整わなければ難しいであろう。一方、定数そのもの増加も、市民の納得が得られるかなど、市民・庁内への説明責任が必要である。

　したがって、係長には、このようなアプローチのほかに、事例で見たような実践的な対応が求められる。すなわち、課内・係内の協力体制で何とか乗り切っていく、自分が率先して対応するなどである。特に、課内・係内の協力は様々に工夫をしていきたい。係長には、こうした現実的な解決策を考え、係職員や課長とも相談して実行していくことが求められ、そのための姿勢や能力、行動が期待されている。

| 事例 | 9 | 職員にマンネリムードが |

H係は、福祉サービスに関わる係で、A係長を含め、5人からなっている。業務の多くは、いわゆるルーティンな仕事に属する。係員のB主事は30歳台後半のベテラン職員であり、まじめで堅実型の性格で、仕事はマイペースでこなしている。B主事は温厚な性格でもあることから、係員に親しまれ、B主事の仕事ぶりについては、他の係員から、「B主事の仕事はしっかりしているので、任せれば大丈夫」と言われる。係には、B主事についていけば無難だ、という雰囲気がある。

しかし、B主事も最近は仕事がマンネリ化し、次第に手抜きをするようになったと見受けられる。先日の係内会議の場では、今年度秋に予定されているシンポジウムについて、B主事は、「課長は、何か新しい工夫をしてほしいと言っていたけれど、特に考えられる新しいことはないので、例年どおりでよいですね」と発言し、皆も、同調していた。A係長が、「とりあえず、この議題については、今日はフリーディスカッションなので、これくらいにしましょう」と話を引き取ったので、結論は持ち越しになったが、係内には、例年どおりやればよいとの空気が漂いはじめた。

また、ここ1、2か月、B主事には仕事のミスも見られるようになった。そのうちの1つは、住民への通知状のなかの数字が、別の資料を参照したのか、違っているのである。A係長がミスに気が付いて訂正させたので事なきを得たが、危うく住民に誤った通知をしてしまうところだった。

仕事のミスのことは、係の皆はあまり問題でないように考えている様子であり、係内での「B主事についていけばよい」という空気は変わらない。

| 分析 | B主事の問題にとどまらず、係全体の問題を見落とさないように |

「B主事も最近は仕事がマンネリ化し、次第に手抜きをするようになっ

た」とあるように、係の中心であるＢ主事がマンネリに陥ってきた。しかし、この事例における問題は、「Ｂ主事のマンネリ化を是正しなければならない」ということにとどまらないことに注意しなければならない。

Ｂ主事の問題だけでなく、Ｈ係全体に大きな問題が潜んでいる。Ａ係長は、Ｂ主事の問題を把握するとともに、Ｈ係全体にある問題を適切に抽出し、解決に当たらなければならない。

問題点 ❓ マンネリ化と緊張感のなさがＢ主事と係全体に表れている

この事例における問題点は、次のとおりである。

第一は、Ｂ主事と係のマンネリ化が進みつつあることである。

Ｂ主事は、もともと堅実型の性格で、仕事もマイペースである。ルーティンの仕事を同じように処理していれば、仕事はマンネリ化しがちであり、Ｂ主事はこの状況に陥っている。

また、Ｈ係には、何かにつけＢ主事を立てて、係の職員全員がＢ主事に同調しようとする風潮がある。業務が安定していて、Ｂ主事が積極的な姿勢で業務に当たり、適切にこなしているのであるならば、全員でＢ主事の仕事ぶりを参考にするのもよいが、何にでもついていけば無難だ、という姿勢が係全体のマンネリ化につながりつつある。職員や組織のマンネリ化は、業務の非効率や事務改善の遅れを招く。

第二は、Ｂ主事の仕事にミスが出てきていることである。

仕事のミスは、人間がやっているのだから避けられないとはいえ、安易にこれを認めてはならない。原因の正しい分析と適切な対応が必要である。この事例では、Ｂ主事の仕事のマンネリ化や緊張感の欠如がミスの原因になっていると考えられ、今後、ミスが再発していくことが大いに懸念されるところである。

また、ミスの内容も、住民への通知状のなかの数字の誤りであり、重大である。これが住民に届けば、大きな問題に発展する可能性もあった。このようなミスは住民の混乱を招くものであり、公務をあずかる職員としては、住民に伝える内容の誤りは、絶対にあってはならないと銘記すべきである。

第三は、Ｂ主事および係全体にマンネリ化が進行しつつあることに見られるように、Ｂ主事および係全体に緊張感が足りないことである。

　Ｂ主事は次第に手抜きをするようになったばかりか、最近は、仕事のミスも見られるようになっている。こうした状況のなかで、「仕事のミスはあまり問題でない」とする係の風潮は、緊張感のなさの表れである。緊張感の欠如は、思わぬ仕事の重大なミスを生じさせるとともに、係の改善意欲の減退と環境変化への対応の遅れを拡大するなど、係にとって致命的な状況を招く原因になる。

解決策　実施している業務の意義を再確認するところから

　Ａ係長のとるべき解決策は、次のとおりである。

　第一に、Ａ係長は、Ｂ主事および係職員のマンネリ化の打破のために、業務の重要性を係職員に再認識させるとともに、仕事の改善を積極的に進めていくことが必要である。

　Ｈ係の仕事は、ルーティン業務が多いが、「それぞれの業務が住民にとって重要であり、積極的に取り組むべき業務であること」、「仕事の進め方も、住民サービスの点や仕事の効率化の点から、さらに改善を図るべきこと」などを、職員に直接に、または係会議の場などを通して訴え、理解してもらうことが重要である。係長としては、仕事の改善が進むように、係全体で業務の総点検をしたうえ、係会議で改善のアイディアを出し合い、係全体で業務の改善目標を持って進めていくことが必要である。

　第二に、Ａ係長は、仕事のミスの再発防止を図らなければならない。Ｂ主事には、十分に注意するよう指導する。また、他の係職員にも、１人ひとりに対して、または係会議などにおいて、仕事のミスはあってはならないことをしっかりと訴える。さらに、Ｂ主事のミスも紹介しながら、その原因と再発防止策を考えてもらう。出てきた防止策を個人で取り組むものと係で取り組むべきものに分け、係長のリーダーシップのもとに改善策を講じていく。係長としても、係において、係業務の基本的知識の再確認をする、仕事のダブルチェックの体制を作る、など、係の実情に合ったミス

の再発防止策を提案する。

　第三に、A係長は、H係に緊張感を取り戻さなければならない。

　第一、第二の対策を取るならば、それぞれの問題の解決が図られ、係の緊張感の醸成にも役立つ。また、A係長は、それにとどまらず、ミスのなかでもとりわけ住民へ提供する内容の誤りは、住民の行政への不信感を招くとともに、行政の混乱を生じさせることなど、担当する職務に潜む危機意識を認識してもらうよう、職員に働きかける。職員が普段の行動で心がけるべきことなどは、様々なコミュニケーションを通して何度も伝え、常に職員の意識にのぼるよう工夫することが大切である。

　さらに、必要に応じて、職員に、職場の危機管理等に関する研修に参加してもらい、係内で報告してもらうなどの対応をとることも有効である。

職場マネジメントの　ポイント

❖直接的施策と間接的対策の2面を忘れずに

　事例についてみると、「仕事の適切な進行管理」、「業務の基礎的な知識の再確認」、「仕事のダブルチェックの体制」、「危機管理研修への参加」などは組織に対する直接的な対応策である。一方、「業務の重要性を係職員に再認識させる」、「職員への危機意識の醸成」などは職員のマインド面に働きかける間接的対策といえる。

　問題への対応策は、組織への直接的な施策だけ、あるいは職員へのマインド面だけ、という一方だけを検討することに終始してしまうことも少なくない。しかし、これでは限界がある。両者は、それぞれが互いに補完するものとして、両方の面から同時に講じていくのが有効である。問題への対応策を考えるときは、この両面のアプローチがあることを十分に念頭に置きたい。

事例	10	職員を研修にどう取り組ませるか

L市では、毎年、人事担当部局が職員の研修計画を作成し、各課に通知している。S係のA係長は、職場研修はかけ声だけになりやすく、職場から離れて行う研修は日程消化に陥りやすい、参加するなら積極的な姿勢で、と日ごろ思っている。

こうしたある日、S係の若いB主事に人事担当部局から研修通知がきた。昨年は、今年の春に他課に転出したC主事が受講している。A係長が、S係に長く在籍しているD主任にC主事の昨年の様子を尋ねてみたところ、C主事は、研修に休まずに参加していたが、どんな研修が行われたか特段の報告もなく、研修の効果があったかどうかは全くわからないとのことであった。

A係長がB主事に研修通知があることを伝えたところ、B主事は、黙って聞いていたが、他の場所では、「どうせ仕事にプラスにならないし、業績評価に影響するわけでもないですね。通知があったのだから、気晴らしのつもりで行ってきます」と言っているとのことであった。

研修内容そのものは、人事担当からの説明によると、日常の業務とは直接関係ないが、市の各部局から職員が参加し、公務全体を考えるうえで適切なプログラムとのことである。A係長は、このたびの研修を何とか意義のある研修として活用してもらいたいと思っているが、B主事にどう取り組ませるようにしたらよいか、適切な手だてが思いつかない。

分析 ✎ 職場外研修の意義を理解することが第一

研修は、通常、職場研修（ＯＪＴ）と職場外研修（Ｏｆｆ－ＪＴ）に分けられる。職場研修は、職員が職務を行ううえで必要となる技術や能力を業務についたまま教育を行うものであり、職場外研修は、職務遂行上の能力訓練を職場外で行うものである。

本事例の職場外研修は、受講者が職場から離れるため、トレーニングを

集中的に行うことが可能である。職場外研修には、新たな知識の吸収、通常の業務とは異なった方法・手法の習得、経験したことのない価値観や考え方の体験などの面で有意義である。

　集団的に行う研修の方法としては、同じ部課から職員を参加させる場合と、異なる様々な部課から職員を参加させる場合がある。前者は、組織としての一体感を醸成し、各職場間の意思疎通を盛んにし、組織全体の活性化を図ることが可能である。一方、後者は、異なる職種間の交流などが行われ、相互研鑽のなかから様々な刺激を受ける、あるいは他の職種・職場の考え方を学ぶ、といったことが可能となる。本事例は、この後者の研修である。

　研修を意義あるものとしてもらうには、まずもって、こうした職場外研修の意義を係長がしっかりと理解することが前提である。

問題点 ❓ 研修参加の意義が認識されていない

　この事例における問題点は、次のとおりである。

　第一は、B主事およびS係において、今回の研修の意義が全く理解されていないことである。研修通知があったことをA係長から聞いたB主事は、「どうせ仕事にプラスにならないだろうから、気晴らしのつもりで行ってくる」旨、言っているように、研修の意義が全くわかっていない。また、A係長の職場全体においても、昨年C主事が参加した際は、「研修の効果があったかどうかは全くわからない」という状況を許し、そのまま放置している様子である。このような職場では、せっかく研修に参加しても、その効果は極めて小さいものになる。

　第二は、そもそも今回、研修に参加するB主事に、研修の趣旨、内容が伝わっていないことである。B主事にとっては、今回の研修は、「通知があったから行く」というだけのもので、どのような内容の研修であるか理解されていない。研修の内容によって事前に準備をして、研修に備える、などの発想がない。

　第三は、さらに、研修に参加するB主事には、研修に積極的に参加しよ

うとする動機づけがなされていない。昨年のＣ主事の例では、「どんな研修が行われたか特段の報告もなかった」ということであるが、こうした風潮から、Ｂ主事も、研修期間だけ参加すればそれでよいとする意識であり、参加して何かを吸収しようとする意欲が見られない。Ａ係長は、Ｂ主事に対して、より積極的に研修に参加してくるという動機づけをする必要がある。

解決策 🧠 研修の意義を認識させ、参加への意欲を高める

　Ａ係長のとるべき解決策は、次のとおりである。

　第一に、Ａ係長は、Ｂ主事およびＳ係において、今回の研修の意義を積極的に伝えていく必要がある。研修は、勤務時間中に行われる公務であり、受講者には研修を通して、職員としての能力を向上させることが求められる。

　Ａ係長は、このような研修の性格を踏まえ、Ｂ主事に研修の意義を伝える。また、あわせてＳ係の職員にも伝え、係としてＢ主事を研修に送り出していく雰囲気をつくっていく必要がある。

　研修は、職場外だけでなく、平素は職場内で行われる。こうしたことからも、Ａ係長は、研修の意義をＳ係全体に伝え、Ｓ係の職員の皆がＢ主事を後押しする雰囲気をつくる。研修は、職場外研修に参加する者だけでなく、係全体で取り組み、係全体で研修効果を高めていくようにしていく必要がある。

　第二に、Ａ係長は、研修に参加するＢ主事に今回の研修の趣旨や内容をきちんと伝えることが必要である。

　研修の効果を高めるためには、行き当たりばったりではだめである。前もって研修の趣旨・内容を伝えることによって、Ｂ主事には、研修に向けての心の準備をしてもらうとともに、必要に応じて、関連する勉強をしておくなど、研修の準備をさせることが必要である。

　研修準備の段階では、Ｂ主事が１人で悩まないよう、Ａ係長は、関係する文献の紹介や情報提供などに心がけるとともに、Ｂ主事にわからないこと

がある場合には積極的に相談に乗るなど、適切な指導に努める必要がある。

　第三に、A係長は、B主事に対して、研修により積極的に参加するよう、動機づけをしていく必要がある。

　具体的には、B主事が研修を受けっぱなしにしないよう、あらかじめ研修終了後の取組を明らかにしておくことが有効である。例えば、研修終了後にA係長が感想などを直接聞くこととしたり、研修の内容によっては、係内で報告会・勉強会を催すこととしたりする。このことはあらかじめB主事に伝えておき、研修に送り出す。後に報告をしなければならないことがわかっていれば、研修に参加する意欲と注意力は格段に向上する。

職場マネジメントのポイント

❖「たかが研修」と言わせない

　職員が一定の期間、研修のために係の仕事を離れるのは組織にとって痛手ではあるが、研修の機会は職場として有効に活用すべきである。例えば、職場外研修は、各職場から集った研修生同士の交流が参加者の視野を広げさせ、新たな気づきや発見を生みだすことができる。

　係長は、研修で得たこうした気づきや発見を職場に還元してもらうよう、本人に自覚を促すとともに、職場での報告の機会を設け、係で共有できるように計らいたい。「たかが研修」などとする向きがあれば、係長は、そうした発言に対しては、積極的に自身の考えを明らかにすべきである。

❖係がリフレッシュする機会を持つ

　係は、日常の業務のなかでともすれば流されがちになる。こうしたとき、職員が積極的に研修に参加し、職場がその還元を得ることは、係にとってよい刺激になり、職場にリフレッシュを与えるものとなる。

　このような職場のリフレッシュは、職員の研修参加のほか、仕事の業務改善、コミュニケーションの活性化、職場の雰囲気改善などによってももたらされる。係長としては、こうした取組を意識的に取り入れ、その機会を逃さないようにしていく。これも監督者としての大事な役割である。

第2部

事例編

2　上司の補佐

事例	1	他課との調整に消極的な課長

　Ａ係長の上司であるＢ課長は、自分の課の仕事については、的確な指示を行っており、管理職としての職責は遂行している。ただ、他の課とまたがる仕事についての取組には消極的で、自分から関係する課との調整に関わることはほとんどない。

　この課の仕事は、福祉分野の仕事であり、住民ニーズの多様化に伴い、保健や医療など他の課との調整が必要な事案は着実に増えている。そこで、Ａ係長は、事案によっては、関係課との調整会議を企画するのだが、Ｂ課長は会議の出席にも難色を示し、「自分の課の仕事に手一杯なので、他の課との調整は係長たちに任せたい。結果を教えてくれれば十分だ」と言い出す始末である。

　その結果、他課との調整が必要な分野の仕事はＡ係長が責任者となって調整を行うのだが、事務的な仕事はともかく、政策的な判断を伴うことも多く、他の課の課長を相手にすることにＡ係長が取り組むのには限界がある。仕方がないので、Ａ係長は、判断を保留して、「そのことについては、課長と相談して後ほどご連絡します」とせざるを得ないこともしばしばである。その結果、手間が増えるとともに、迅速な判断ができないので、事案の処理が遅れてしまうのである。

　ある日の係のミーティングで、係員から「Ｂ課長はどうして、他課との調整を自分でしないのだろうか。相手の課長も不思議に思っているようだし、私たちも仕事が進まないので困る」との発言があった。すると、その発言を支持する意見が次々と飛び出し、最後に「もう、我慢できないので、態度を改めるようにＡ係長からＢ課長に強く申し入れてください」との発言が出て、係員全員が賛意を示した。

　そこで、Ａ係長は翌日、Ｂ課長に係員の意向を伝えるとともに、「私としても、他の課では課長が積極的に関わっているので、今後は、是非Ｂ課長が先頭に立って取り組んでほしいと思う。係の総意であるので、よろしくお願いします」と頼んだ。ところが、Ｂ課長は、「他の係長からは、そんな話は聞こえてこない。前にも言ったが、他の課に関係することは、係長に任すのが私の方針だ。あなただって、将来、

課長になったときに役立つのだから、自分が責任者と思って他の課との調整を進めてほしい。最後は、私が責任を持つので頑張ってほしい」と言って、聞く耳を持たない。

　これ以上言っても無駄だと思い、話は止めたが、どのように対応すべきか考え、A係長は重い足取りで自席に戻った。

分析 🖊 こんな課長に言っても、と思いつつ

　B課長が他の課との調整を敬遠してしまうのは、なぜだろうか。

　1つには、面倒なことには深入りしたくないのかもしれない。ただし、自分の課だけでは完結しない仕事を担当した以上、面倒だと言ってすむ問題ではない。その面では、管理職としては失格と言われても仕方がない。

　さらに、係長に甘えているのかもしれない。調整会議を企画したり、他の課の課長相手に仕事をしてくれるので、係長に甘えても大丈夫と都合よく考えているとも思える。そうだとしたら、許すわけにはいかない。なぜこのような課長を相手にするのかと思いつつ、それでも何とか仕事を進めていることについては、A係長を評価できるが、ここは何らかの手を打たざるを得ない。

問題点 ❓ 課長が悪いのだが、係長も

　この事例の問題点としては、以下の点が指摘できる。

　第一に、B課長の対応は言語道断である。管理職が、自分の課だけの面倒をみればすむと思っているとしたら、とんでもない話である。今後も、住民の自治体へのニーズはより複雑になり、多様化が進む。1つの課で完結する問題はむしろ稀となり、ほとんどの問題は他課との調整が必要となる。そうしたときに、他課との調整に消極的な課長では困ることになる。

　第二に、A係長の対応が遅すぎる。他課の課長と直接交渉してきたA係長こそ、B課長の対応に最も不満だったと思われる。係員からの不満の声

を受けてから、Ｂ課長に申し入れるのでは、係長の対応としてはやはり遅すぎると言える。問題点は早めに処理することも、係長にとっては必要な対応であり、あまりに遅い対応は係員からの信頼を失うことになりかねない。

　第三に、孤軍奮闘で対応するのは、限界がある。Ｂ課長からは、「他の係長からは、そんな話は聞こえてこない」と言われてしまっているが、果たしてそうであろうか。日ごろのＢ課長の対応を見ていれば、１人の係長の申し入れに容易に応じるとは思えない。他の係長とも相談して、共同して申し入れをすることを考えなければならない。

解決策　いろいろ策を練ってから

　この事態を解決するには、Ａ係長はどうすればよいのだろうか。

　第一に、Ａ係長は、Ｂ課長に事態の深刻さを理解させることである。係員の声を伝えることも必要だが、課長の対応の何が問題であるかを、具体的に伝えることが必要である。他の課では課長が登場しますよといった程度では、Ｂ課長の耳には深刻さは伝わらない。これまでのケースを分析して、事案の解決が遅れたこと、相手との交渉が上手く進まなかったことなど、Ｂ課長が直接携わらなかったことによる問題点を伝えて、どんな問題が起こっているのかを理解させる必要がある。もし、口頭で説明することが難しかったら、起こった事例をペーパーにまとめて、Ｂ課長に手渡すぐらいの行動も必要だ。

　第二に、日ごろの部下の考えや不満は的確に把握しておく必要がある。係員の不満が一斉に出るまでには、予兆がある。また、自分も同じことを思っているとしたら、早めに対応することが必要である。

　第三に、他の係と共同で取り組む必要がある。自分の課の同僚の係長に話を聞いてみて、同じ悩みを抱えていないか確認する。他係でも同様に、関係課との調整を抱えていれば同様のことが起きていると推測でき、Ａ係長の係だけの問題ではないと思われる。同じことに悩んでいるとしたら、共同して作戦を練り、Ｂ課長に態度を改めてもらうよう迫ることができる。

全員の係長から申し入れを受ければ、「他の係長からは、そんな話は聞こえてこない」などとは言えないし、さすがのB課長も事態の深刻さに気がつき、このままの対応ではすまないと判断するであろう。

職場マネジメントの ポイント

❈説得する場合には具体的な事実を示す

　筋の通った理屈を言っても理解されない場合であっても、具体的な事実を示せば相手がハッとすることはある。このように、具体的な事実を提示することは、相手の理解を得るうえで有効な方法である。そして、そのような方法をとるためには、その前提として「事実を記録しておく」ことが非常に重要である。様々な調整の役割を期待される係長は、平素からそのような習慣を身に付けておきたい。

❈孤軍奮闘ではなく、共同戦線などの戦術も考える

　同じ問題意識を持つ人は、意外と自分の周りにいるので、大きな相手にぶつかるに当たっては、同調者を増やすことは大切である。事例の場合、数名の係長や職員から指摘があれば、課長も気づきを促されるであろう。

　同調者を増やすことは、複数のメンバーで策を練ることにより効果的な説得の方法が見出される可能性を高め、また、交渉のための戦略構築や話術に長けた者が加わるかもしれないなどのメリットをもたらすことが期待できる。

❈目的達成のため、さらに外の力を借りる

　同僚の共同戦線でもうまくいかない場合は、さらに外の力を借りることを考える。まずは部長に実情を訴えて、何が問題かを課長に諭してもらうことが考えられる。ほかには、他の課の課長の力も考えてみる。例えば、隣の課の課長に依頼して、「そちらの課の係長と調整しているが、やはり間接話法では限界があるので、これからはあなたと直接話し合いたい」と自分の上司の課長に伝えてもらう。ここまですれば、さすがの上司も考え直すことが期待される。

81

事例 2　課長の指示があいまいなので

　Ａ係長の上司のＢ課長は慎重な性格であり、判断するまでに長い時間を要することが多い。さらに、考えた末の結論があいまいで、いつも幅を持たせている。

　例えば、ある課内会議でのＢ課長の結論は「その件については、そうした考えも成り立ちますが、また別の考えも成り立ちますね。どちらがよいのかは、大変難しい問題ですので、最後は、皆さんでよく考えて結論を出してください。私も引き続き考えてみます」という内容である。

　また、別のケースでは、Ｂ課長は「この問題の結論は、状況の変化によって大きく変わると思います。この結論はあくまで現時点でのものですので、状況が変わり、この結論がおかしいと思ったら、皆さんの判断である程度の変更をするのは構いません」との話であった。

　このような結論を聞いてもＢ課長の判断がよくわからないので、係長や係員が「結論はどういうことでしょうか。もう少しわかるように説明してくれませんか」と更に聞いてみると、「最後は皆さんがベストと思う方法を選んでください。責任は私がとりますから」との回答である。

　これには各係長も困ってしまい、最後は自分の判断で仕事を進めざるを得ないことが多い。Ａ係長も、仕方がないので自分で最終判断をして進めたのだが、その結果が思わしくなかったという事例もある。

　ある日、部長のところに関係者から苦情が持ち込まれ、Ｂ課長とともにＡ係長も部長室に呼ばれた。

　部長から、どうしてこういう判断で仕事を進めたのかと問われたところ、Ｂ課長は「その問題は大変難しく、私は判断の大枠を示したのみで、最後の結論を出してくれたのはＡ係長です。詳しいことはＡ係長から説明させます」と言い出したので、Ａ係長は、なぜそのような結論となったのか詳しく説明せざるを得なかった。このときは、部長がＡ係長の説明を聞いて納得してくれたのでよかったのだが、Ａ係長は、なぜ話がこのような展開になるのか釈然としなかった。

そこで、部長室から退出したあと、Ａ係長は「やはり、最後に結論を出すのは管理職である課長ですから、今後は、最終判断は課長にお願いします」と言ったところ、Ｂ課長からは、「部長によく説明してくれました。私もできる限り、結論を示すようにするけれど、やはり状況を見て判断するのは、実務の責任者である係長だと思うよ」と言われてしまった。これを聞いたＡ係長は、これから先を考えて気持ちが晴れなかった。

分析 あいまいの原因は何か

この事例の背景には、何があるのだろうか。１つには、Ｂ課長の優柔不断な性格があるのは間違いない。その意味では、厳しく問えばＢ課長の管理職としての資質が問われていると言える。

また、一方では役所に持ち込まれる課題が、住民の価値観の多様化などにより複雑になり、管理職が判断を迫られる問題の難しさが増していることもあるだろう。

Ｂ課長が判断に苦しみ、指示があいまいになるのも、やむを得ない面はあるが、管理職であれば、その時点でベストと考える決断をすることが求められている。

さらに、Ｂ課長は、最終判断を係長に委ねているのは、責任回避と言われても抗弁できない。現時点での判断はあいまいであっても、最後は自分で決断するとすれば、まだ、救いはあった。しかし、部長への釈明を聞くと、Ｂ課長の考えは変わらないように思える。

問題点 課長は逃げるな

この事例の問題点としては、以下の点が指摘できる。

第一に、Ｂ課長の決断力の不足である。シンプルな問題なら決断できるが、少し複雑になると決断を回避してしまうのでは管理職としては落第で

ある。しかし、Ｂ課長は、真面目に問題を考え、かなりの絞り込みはしているので、決断する能力が全くないのではなく、慎重過ぎて一歩を踏み出すことを恐れている可能性もある。

第二に、課長が最終判断から逃げていることである。局面により過程での判断は難しくても、自分が最後に決断をすることを約束するのならまだ許されるだろう。しかし、最終判断を係長に委ねてしまっては、適当でない。さらに、そのことを正当化しているのは困りものである。

第三に、そうした課長の対応を、組織として許してしまっていることである。課長が最後に決断できないのであれば、できるように補佐するのが係長の役割である。Ａ係長は、課長に今後の対応について、改善するよう厳しく求めているが、これまでのＢ課長の対応を見てみると、話をした程度では、変化を期待するのは難しい様子である。他の係長とも相談して、課長のあいまいな決断を許さないための具体的な手立てを考えることが求められる。

解決策 困った課長でも補佐するのが係長

この事態を解決するには、Ａ係長はどうすればよいのだろうか。

第一に、最終的な判断をして結論を出す責務は課長にあることを自覚してもらうことである。部長室でのＢ課長の発言を考えると、課長に新たな対応を求めるのは難しそうである。しかし、今回の件をもとにして、部長とあらためて話し合ってみる必要はある。Ｂ課長が管理職としての責任を回避していることは、部長も痛感したと考えられるので、部長からＢ課長に責任を全うする大切さについて部長の言葉で話をしてもらい自覚をうながすのである。

それがどこまでＢ課長に通じるか、その結果はわからないが、１つの方法として選択することは有意義であろう。

第二に、Ｂ課長が決断できない不安を少しでも取り除くことである。Ｂ課長も真剣に考えて、結論の方向で迷っているようであれば、係長は、事案についての法律的側面、財政的側面、公益的側面など、判断の材料を丁

寧に説明することによりB課長に安心感を与えるのである。

例えば、法律的側面で結果を恐れているのであれば、課長には判例や実例などを示してみる。事業執行の正当性について不安を持っているならば、市長の施政方針、市の基本構想、基本計画、実施計画などに定められている内容を確認する。こうした条件整備を周到にすれば、B課長も最終決断がより容易にできるようになる。

第三に、各事案の最終的な判断は必ずB課長にさせることである。B課長は、大枠を示すのみで決断を常に係長に委ねている。ここで、A係長は、「自分は、課長に信頼されている」などとして、自ら最終判断を請け負うことはしてはならない。組織としての最終的な判断を下すのは管理職であるので、状況の変化に合わせつつも、常にB課長の判断を求め続ける必要がある。

職場マネジメントのポイント

※係長は課長を「補佐する」ことが本務

判断を避けようとする課長であっても、係長があきらめてしまっては組織が本来の機能を果たすことはできない。係長は、課長が適切な意思決定をすることができるよう、判断に必要な材料を提供していくことが必要であることは忘れてはならない。いざというときは、係長の踏ん張りが組織運営にとって重要である。

なお、組織論として、課長に事案の最終判断を下してもらうのは、当然である。係長は補佐する立場で判断の材料を提供し、ともに考える。それをもとに判断するのは課長である。逃げ腰になる傾向にある課長には、この点は特に理解してもらう必要がある。

事例 3　何もかも自分で決めて厳しく指示・叱責する課長、パワハラでは？

　A係長の上司であるB課長は、大変な勉強家であり課の仕事の内容についても、課のなかでは最も詳しいと言っても過言ではない。また、自信家でもあり、自分の考えは絶対に正しいと信じて疑わないようであり、他人の言うことに耳を貸さない。

　課の仕事の運営についてもすべて自分で決めなければ気がすまないところがあり、課員のなかでは陰で「皇帝」などと呼ぶ職員もいる。日常の仕事でも部下の意見や要望を聞くことは一切なく、すべて課長が決めてしまい、係長会でも自分が決めたことを一方的に指示するのみである。

　ある日の係長会で、C係長が「そのことですが、別の方法もあると思いますが」と言うと、B課長は「私が考えて決めたことは、まず、そのとおり進める。結果が思わしくなかったら私が考える」と答えた。また、D係長が「なぜ、そのように進めるのですか。係員に説明したいので、詳しく説明してくれませんか」と頼むと、「係員は、そのような細かいことを知る必要はない」とB課長は言い出す始末である。

　B課長は、職員が自分の考える方向と異なることをしていると気づくと、職員の席に行き自分の考え方を力説するのだが、声を大きくして一方的に話すので、職員は威圧を感じてしまうこともある。

　係員からは、「この課では、前任の課長の時は、様々な課題について係員を含めて話し合いが持たれ、課全体で常に議論することが当たり前だった。今の課長は、下からの意見を全く聞かないし説明もない。意見を言うと、声を荒げて叱責される。これでは、職員のやる気がなくなってしまう」と言われた。

　A係長は、B課長に「実際に仕事を担当する職員の意見も大切であるので、部下の要望や意見をもっと聞いてもらいたい」と話してみたが、B課長は「課のこれまでの仕事で間違いはない。いままでのやり方で進めるので、係員の不満は係長が聞くように」と強く言われた。

　A係長は、今後どのように対応すべきか考えてしまった。

分析 ✎ パワハラの観点からも考える

B課長は、絶対君主のように振る舞い、すべて自分で決めてしまい、他人の意見は聞こうとしない。なぜ、そのような行動をとるのだろうか。課のなかでは最も仕事に詳しいと言われるほど勉強していることが、自信の裏づけとなっているのかもしれない。

しかし、自信家である人は、本当は臆病なのだとも言われる。B課長は、職員の意見を聞くと、自分の判断に自信がなくなるのを恐れているとも考えられ、一度でも、職員と議論させてみると意外な面が見られることもありえる。

専制型のリーダーシップが有効と言える場合として、組織管理の考え方では、例えば、緊急事態である場合、部下が訓練を受けていない場合などがあるとされているが、この事例では当てはまらない。

しかも、B課長の職員への接し方は正常な範囲を超えているといえよう。いわゆる「パワハラ」の観点からも考えてみる必要がある。

問題点 ? 課長を変えるだけではだめ

この事例の問題点として、以下の点が指摘できる。

第一に、部下の意見や要望を全く聞こうとしないB課長の対応である。長年築いてきた仕事のスタイルなのかもしれないが、現在の役所の仕事の進め方には全くなじまないことは明らかである。B課長が係長の時、自分の意見を上司に言わなかったのだろうか。下からのコミュニケーションをどのようにして復活させるのかが、A係長の手腕にかかっている。

第二に、係員の仕事への意欲が減退してきていることである。このまま上意下達の課の運営が続けば、職員のモラールは更にダウンし、仕事の大きなミスが発生したり、職員のメンタルに悪影響が及ぶことも十分に考えられる。職員のモラール・アップを図るためにも、職員からの意見や要望をどのようにして課の意思決定プロセスに組み込むのか、緊急課題と言える。

第三に、B課長の言動は、いわゆるパワハラに該当する可能性がある。

本来係長は、このような認識に立って対応することが必要であるが、A係長の意識はそこに至っていない。仮にパワハラということになると、被害に遭った職員のメンタルが傷つくなど、職場の職員の心身の健康に係る重大な問題となり、また、公平・公正といった側面や効率性など、組織運営上の問題が生じてくる。A係長をはじめとする各係長、職員には、適切な対応をとることが強く求められる。

解決策　係長は手をこまねくな

　この事態を解決するには、どうすればよいのだろうか。

　第一に、B課長の対応の変更を迫ることである。B課長が、このままで考えを改めて、下からのコミュニケーションを大切にしてくれるようになるとは考えられない。それには、係長たちが、まず、立ち上がることである。具体的にどのような行動が考えられるか。

　1つには、係長会でB課長からの指示があった場合に、そのまま聞いて黙ってしまうのではなく、その判断の背景や、考え方を選択した理由、期待される具体的な効果、想定される問題点などについて徹底的に議論することである。課長が途中で怒り出してもあきらめない。とにかく、B課長が根負けするまで議論を仕掛けることである。こうしたことにより、上意下達のコミュニケーションが通じないことをB課長に認識させる1つのチャンスになる。

　第二に、A係長は、職員とのコミュニケーションを十分にとり、様々な情報を共有化して組織を運営していくことである。係長会で示されたB課長からの指示や、表明された考え方、それに対して発言した係長からの意見やそれへの反応などをきちんと伝え、係内が同じ問題意識を持って業務を進めるよう計らう。また、B課長から個別の職員に対して、通常を逸脱した指示や叱責などがあったと感じられる場合は、直ちに係長であるAに報告するよう徹底する。課長への対応は1人ひとりの職員の対応でなく、係の一体となった対応としていく。こうした取組は、他の係においても行われるよう、他の係の係長に伝え、同調を求めていく。このようにして、

職員の力を組織の力に格上げするとともに、職員が孤立しないような組織運営を実現していくよう、A係長が中心となって行動する。

　第三に、B課長の言動がパワハラに該当するのでないかとの認識に立った対応をとることである。パワハラは、市の服務規程のなかで「パワーハラスメントの禁止」などと明示されている場合も多い。A係長は、他の係長とも協力して、B課長に対して威圧的と受け取れるような言動は避けてもらうよう、明確に進言しながら、手元には記録を残すように留意し、人事担当など、窓口となる部署に相談するなどの措置を講じる必要がある。

職場マネジメントのポイント

❀パワーハラスメントのない職場づくりのため、係長の役割は重要

　職場において、パワーハラスメントを許さない組織風土をつくることが重要である。そして、係長は、管理職と職員をつなぐ立場から、この点に特に留意しなければならない。パワーハラスメントの「芽をつくらない」、「育てない」との観点から、係長は、平素より課長と一体となって、働きやすい健全な職場がつくられるよう、取り組んでいかなければならない。

❀「パワーハラスメント」とは

　「職場におけるパワーハラスメント」については、2019年に労働施策総合推進法が改正され、その「指針」において、「職場において行われる、①優越的な関係を背景にした言動であって、②業務上必要かつ相当な範囲を超えたものにより、③労働者の就業環境が害されるもの」と定義され、事業者が講ずべき措置等が加えられた。係長は、こうした基本を理解し、十分に身に付けておくことが重要である。

❀服務上の規程を確認しておく

　地方自治体においては、服務規程においてハラスメント禁止の規定が置かれている場合も少なくない。服務規程違反は、明確に懲戒処分の対象となる。各団体の規程は、職場管理の基本として、係長はしっかりと確認しておく必要がある。

事例	4	課長の指示が納得できない場合が多くて

　A係長の上司であるB課長は、若手のホープとの評判であり、年齢はA係長より10歳以上若い。人当たりもよく、面倒見がよいのでその点では若い職員から慕われているが、A係長から見ると経験不足と判断せざるを得ない。

　A係長が重要な案件について指示を求めると、B課長は即座に答えを出してくれるのだが、その内容には首を傾げることが多くある。まず、説明をあまり聞かないで、すぐに判断してしまうので、問題状況とはかけ離れた指示になってしまう。また、判断が右か左か明確であるのはよいのだが、いろいろな場合を想定した、幅広く応用可能な内容にはなっていない。さらに、自分の経験だけをもとに判断するケースが多く、日々変化する現在の状況には合わない指示であることも多い。

　A係長も、初めのうちは、自分の考えも伝えてB課長と議論したのだが、B課長は最初に決めた判断を変えるのは、課長としての姿勢が疑われると思っているのか、いろいろ理由を並べて判断を変えることはほとんどない。

　最近では、A係長もあきらめて、B課長の指示どおりに仕事を行っており、係員へも課長の指示を伝えるだけで特別なコメントを付け加えることもないが、内心では納得していない。

　ある日、C主事からA係長に「この仕事は大きな注目を集めていますが、課長の指示どおり進めても、住民の理解は得られず、上手く進みません。係長も状況をよくご存知だと思うので、課長に十分説明して方針を変更してくれませんか」と進言してきた。

　A係長も、もともとこの仕事についてのB課長の方針には納得していなかったが、組織で仕事をしていることを考えて、「上司の指示が納得できなくても、それに従うのが組織運営の基本だよ。最後は、課長が責任を取るのだから、今の方針で進めてほしい」と伝えた。

　C主事はその答えを聞いて無言で自席に戻ったが、その表情からは釈然としていないことは明らかであり、2人のやりとりを聞いていた

他の係員も黙々と仕事をしていたが、Ｃ主事と思いは同じであることは、その場の雰囲気で感じられた。

　今日も、重要案件についてＢ課長に説明し判断を求めることになっているので、Ａ係長は気が重たかったが、思い切って課長の指示に自分の考えを久しぶりにぶつけてみた。Ｂ課長は、従来と変わらず「私の判断は、最初に伝えたとおりです。いろいろな考え方はあるかもしれませんが、私の指示どおりに進めてください」と言うのみであった。

分析 ✏ 課長の自信は、何から生まれているのか

　管理職としてＢ課長は、即座に判断している。勉強しているのかと思いきや、自分の経験に基づいているのみで、深く考えてはいないようである。

　近年、住民の要求が多様化するなか、自治体に寄せられる課題はより複雑になり、簡単に答えが出るような問題は少ない。管理職であれば、部下から重要な事項について判断を求められても、なかなか答えを出すのは難しく、即答できるケースはむしろ稀であろう。とすれば、やはり、Ｂ課長は、突きつけられた課題に真剣に対応していないといえよう。

　次に、Ａ係長はＢ課長との議論をあきらめてしまい、納得していないのに、何も言わなくなってしまった。そのことは、係員に影響を与え、やる気を失わせている。係長の問題への対処の仕方は、係全体にも大きな影響を与えることをＡ係長は自覚する必要がある。

　また、Ａ係長は、最後は課長が責任をとると言っているが、責任は課長のみでなく、組織全体にかかってくる。日ごろの言動から見て、Ｂ課長は、本当に責任を自覚しているのだろうか。これも気になる点である。

問題点 ❓ 係長は粘り強さが必要

　この事例の問題点としては、以下の点が指摘できる。

　第一に、Ｂ課長の指示の内容の妥当性である。係員からの訴えにもある

ように、B課長の指示には問題が多く、妥当性を欠いている。ところが、B課長はそのことを認識しておらず、自分の判断の誤りに気づいていない。

第二に、A係長は、自分ではB課長の指示の内容の妥当性に疑問を持っていながら、係員の真剣な訴えに耳を貸すことをせず、B課長に伝えることをしていない。組織運営論を持ち出したり、最後は課長が責任を取ると言って、問題から逃げてしまった。これでは、係長としての信頼を失うことになってしまう。B課長の指示に問題があると思っているのであれば、粘り強く課長に当たり、少しでも変えていく努力をすることが求められる。

第三に、係員の仕事へのモラールの問題がある。A係長の対応にC係員が落胆していることは明らかであり、さらに、そのやりとりを聞いていた他の係員も、口には出さないが課の先行きに不安を覚えているであろう。係長は、困難な状況に陥っても少しでも組織を前進させる努力が必要であり、問題点を克服する努力を放棄してしまえば、係長としての職責を果たしていないと言わざるを得ない。最後は課長が責任を取るといっても、課員の耳には虚ろに響くだけである。

解決策　あの手この手を使って、粘り強く

この事態を解決するには、A係長はどうすればよいのだろうか。

第一に、B課長に事態の深刻さを理解させることである。B課長には、指示に納得できないことを伝えて、課長の判断の問題点について繰り返し伝えることである。説明しても理解が得られないのであれば、結果を示して納得させることも必要である。B課長の指示が、どれほどの困難と問題を生じさせているかをわかりやすくまとめて示すくらいの態度も必要ではないか。簡単に諦めないで、粘り強く対応することが大切である。

第二には、自分の力だけでなく、職員の力を借りて課長に当たることである。例えば、係員も同席させてB課長の理解と納得を得られるように努力することも有効な方法である。B課長の態度の変容が難しいとすれば、例えば、C主事から窮状を訴えられたときに、「私1人で説明するよりは、現場での状況がわかっているあなたからも、是非具体的に説明してほしい」

と言って、Ｃ主事も同席させて説明させることも１つの方法である。課長への説明を係長が行うことは、組織のあり方の基本かもしれないが、係員の声を直接課長に伝えることも場合によっては必要である。

　第三に、係員の仕事へのモラールアップを図ることである。Ｃ主事の思いが係員全員の共通の思いであるとすれば、係員の仕事へのモラールの低下は明らかであり、何らかの対応が必要である。まずは、課長に粘り強く当たることを諦めないこと、課長に係員の声を届けることなど、問題の解決に真剣に取り組む必要がある。それでも、事態が解決しなければ、課長の指示は踏まえつつ、現場のやりやすいようにやらせてみることも必要である。この場合には、よい結果が伴うことが必要であるので、他の職務と同様であるが、係長は職員と情報を共有のうえ十分な協力体制のもとに実施するように心がけ、進行管理を怠らない。

職場マネジメントのポイント

❖係長は簡単に諦めない

　係長は上司に問題があっても、あの手この手を使って働きかけを強めることが必要である。係長が諦めてしまったら事態はますます悪化し、自身を含む組織全体として大きな問題を抱えることとなる。係長が取り組む真剣な努力は皆に伝わり、必ずよい結果をもたらすと認識すべきである。

❖具体的な事実で勝負する

　話が通じなかったら、具体的な事実やデータを示すことが重要である。これは、上司とのやりとりだけでなく、組織間や行政外部との折衝の場面などでも重要な考え方である。いざというときには、示すべき事実やデータが明確に提示できなければならない。係長は、平素から、関係するデータなどを調べて押さえておくともに、相手とのやり取りについては、その経緯の１つひとつについて記録を取り、整理しておくことが重要である。

事例 5 頼まれると何でも引き受けてしまう課長

　Ｂ課長は仕事には熱心に取り組み、気軽に職員にも声をかけ、気配りもできるので課の雰囲気は明るい。一方では、人がよすぎる面があり、人から頼まれると嫌と言えない性格である。

　最近、市では課をまたがる仕事が増え、他の課とどちらが担当するか難しい判断を迫られるケースがしばしば生じている。そうした問題は、まず担当者から係長に相談されるのが普通であり、庶務担当のＡ係長は、職務分担や業務の効率性を厳密に考えて、他課の係長とは安易に妥協することなく厳しく交渉することにしている。

　しかし、大半の問題は係長レベルでは決着がつかず、課長にまで上げざるを得ない。Ａ係長は、Ｂ課長に事務分掌などを説明して気軽に引き受けないように話すのだが、他課の課長と話し合うと、最後には「まあ、いろいろ難しい面もあるけれど、当方で引き受けましょう。そちらも、できる限り協力してください」と言って、Ｂ課長は引き受けてしまうことが多い。

　課長が引き受けても、実際に仕事を担当するのは係長以下の職員であるので、Ｂ課長は１人ひとりの職員の席まで回って「いつも、皆さんには迷惑をかけて本当にすまないけど、今度の仕事は市民のためだと思って、是非お願いしたい」と低姿勢に頼むので、職員も直接課長に文句は言わない。

　しかし、新しい仕事が加わっても既存の仕事は変わらないので、こうしたケースが度重なると、さすがに日常業務にも影響が表れる。中堅の職員からは、「ここまで仕事が増えると、今の人員では処理しきれない。係長から課長に、気軽に新しい仕事を引き受けないように言ってほしい」と言われてしまった。一方、若手職員は、新しい仕事に興味と関心があるようであり、本来業務を片付けたあとで、残業も気にせずに、お互いに議論しながら工夫して積極的に取り組んでいるようである。

　今回、また、新たにいくつかの課にまたがる事案が生じ、明日、関係する各課の課長と関係する係長が集まり、調整会議が開かれること

になっている。今回の事案は、かなりの事務量が予想されるので、課内の係長は引き受けることに皆反対であり、会議に出席するＡ係長も、引き受けることには反対である。

　Ｂ課長には、そうした課の雰囲気は十分に伝えてあるが、これまでの例からして、Ｂ課長が最後には引き受けてしまう可能性が高いと思われる。その事業の課での事務処理のことを考えると、今からＡ係長は気が重たい。

分析　人がよいのも程度問題だが

　Ｂ課長の性格のよさが原因で、次々と新たな仕事を引き受けてしまい、仕事が一方的に増えていることが、課に不協和音を与えていることは間違いない。その点では、Ｂ課長は自ら反省して対応を変える必要があるが、課長への働きかけをどうするかも課題の１つである。

　しかし、課長の対応は、よくないと一方的に決め付けることも適当でない。仕事が増えることに反対している中堅職員の態度に、問題はないのだろうか。若手職員に眼を向ければ、むしろ、新しい仕事に前向きに取り組んでいる。その意味では、職員の仕事に取り組む姿勢が問われていると言えなくもない。

　また、今の人員では処理しきれないとなると、新たに人員増の問題も議論の対象となってくる。ただ、現在の自治体をめぐる厳しい財政状況を考えると安易に人を増やすことは難しいと思われるので、この選択肢は最後の手段である。

問題点　課長にも問題はあるが、職員にも

　この事例の問題点としては、以下の点が指摘できる。

　第一に、Ｂ課長が安易に仕事を引き受け過ぎていることである。課長であれば、課の仕事の現況を十分に把握して、職員に過度の負担を与えない

ように配慮する必要がある。特に、事務分掌から見て、課が処理するのが相応しくない課題までB課長引き受けているとしたら、大きな問題である。

第二に、新しい仕事が加わっても既存の仕事は変わらないとあるように、事務改善が進まないことである。新規事業の引き受けを、既存事業の見直し、効率化につなげるような努力がなされていない。

第三に、仕事が増えることのよい面も見逃さないことである。若手の職員は、むしろ生き生きと新たな課題に取り組んでいるようであり、そうした点を見ないで、仕事量が増えることのみを問題にすべきではない。

必要なことは、課の業務全体のバランスや業務の効率性など、様々な側面を考えることであり、新たな仕事が増えることのプラス、マイナスを十分に考慮することが求められており、安易に人員の問題に結びつけることは避けることが望ましいと考えられる。

解決策　課全体の問題として、解決策を考えたい

この事態を解決するには、どうすればよいのだろうか。

第一に、B課長に、新たな事業の過度の引き受けは、抑制してもらうことが必要である。課長の性格の問題にしてしまっては、改善は期待できないので、課長に何が問題であるかを的確に理解してもらうことが重要である。

そのためには、A係長1人が担うのではなく、各係長が協力して課全体として対応することが必要である。課のミーティングの場など、課長と係長が議論できる機会を活用して、新たな事業を引き受ける際の問題点を洗い出してみることである。そうした作業を積み重ねることにより、課の現況についての理解が深まり、適切な判断に繋がることが期待できる。

第二に、A係長は、新規事業の引き受けに当たっては、既存事業を見直す契機とすることである。新たな事業を引き受けることによる、仕事の量的な拡大の問題ばかりを議論するのではなく、既存事業の仕事の進め方を見直すことにより、余力を生じることができるかどうかを検証することも必要である。仕事の見直しの必要性は理解できても、こうした面倒な作業

は後回しとされて、取り組めない例が多いと思われるので、今回のような機会を積極的に活用して、日常業務の再点検を進めることが望ましい。

　第三に、Ａ係長は、新規事業を引き受けることのメリットも考える必要がある。課全体を見渡せば、事例にもあるように、新たな事業を前向きに捉えて、積極的に仕事を進めようとしている職員もいる。こうした職員の努力は、チャレンジ精神の発揮として積極的に評価することが大切であり、こうした評価は職員のモラール・アップにもつながる。また、新たな事業と既存事業の融合を考えて、斬新な発想で事業展開ができる可能性を追求することも可能と思われる。こうした、プラス面は積極的に評価して、新たな事業を引き受けることによる、課全体としてのメリットとデメリットをトータルに考えることが必要である。

職場マネジメントのポイント

※上司だけの問題とせず、課全体の問題として捉える

　「上司が問題だ」という論点は、分かりやすく、議論になりやすいが、職員の側にも問題があることもままある。係長は、「上」だけでなく、「自分自身」、「下」、「右」、「左」をくまなく見ることを心掛けたい。

※問題のマイナス面だけを見るのではなく、プラス面も考える

　同様に、「マイナス面」「マイナスの影響」は、どうしても目につきやすく、議論の対象になるが、「プラス面」「プラスの影響」は見逃すことが多い。課題をトータルに捉える発想を大切にしたい。

※苦労も評価していく職場運営を考える

　職場のなかでは、目立たないがチャレンジ精神で仕事に取り組んでいる職員も少なくない。こうした職員の努力は積極的に評価することが課全体のモラール向上につながり、風通しのよい職場づくりにもプラスになる。評価の仕方やその表し方はいろいろある。少なくとも、努力して成果が得られたときは、会議などのオープンな場において、払われた努力やあがった成果に対して正面からプラス評価するなどを心がけたい。

| 事例 | 6 | 新任の係長を飛ばして係員に指示する課長 |

　Ａ係長は役所に入って15年が経過し、仕事の面白みが自分でも分かり新しいことにも積極的にチャレンジしている。現在の課には、この４月に着任して２か月になるが、これまで経験したことがない分野の仕事なので、何かと落ち着かない日々を過ごしている。さらに、仕事に邁進できない原因の１つは上司のＢ課長にある。課長はＡ係長がまだ仕事に熟知していないと考えているのか、Ａ係長を飛ばして直接係員に具体的な指示を行っている。

　４月ごろは仕方がないと思っていたが、ＧＷも過ぎ５月も終わろうとしているのに、こうした状況に変化がなく、Ａ係長も内心面白くなく不安になってきた。

　これまで、異動は何回も経験してきたが、このような経験はなく、今回も着任後すぐに係員はＡ係長に何かと相談にくるので、Ａ係長も仕事の内容を必死になって勉強しており、未知の分野ではあったが、最近では仕事の概略とポイントについては、ほぼ理解できつつあると自分では思っている。

　課長の態度が心配になったＡ係長は、Ｂ課長が以前に在籍していた課の係長にも、過去の様子を聞いてみたが、「あの人のやり方だから、気にすることはないよ。長い場合は、１年ぐらいたってやっと係長に指示するようになったこともある」との回答であった。これで少しはホッとしたが、１年と聞くと何となく怒りもこみあげてきた。

　また、最近になって、若手のＣ係員は、Ａ係長に相談することなく直接Ｂ課長に相談することもあり、これには驚いてＣ係員を呼んで注意した。Ｃ係員は「係長を結果的に無視してしまい申し訳ありませんでした。指示が直接課長からあるので、気軽な気持ちで課長に相談してしまいました。これからは、十分に気をつけます」と神妙に答えた。

　Ｂ課長は、同じ課のベテラン係長には直接仕事の指示をしているので、Ａ係長も思い切って、課長に「私もかなり新しい仕事を勉強しましたので、これからは、係員ではなく私に直接指示するようにお願いします」と頼んだところ、「これは、私のやり方だから、少しも気に

することはないよ。君の仕事ぶりは十分評価しているので、心配することはない。いずれ、難しいことも含めて君に指示するようにするから、そのときはしっかり頼むよ」とのことであった。

A係長は、ある程度は納得したが、やはり、釈然としない気持ちで自席に戻ったところ、C係員が深刻な顔をして相談にきたので、気持ちを切り変えて仕事に取りかかった。

分析 ✏️ 課長は、自分流と言うけれど

この事例の背景には何があるのだろうか。まず、B課長の独自の考え方がある。新任の部下の鍛え方には、いろいろな方法がある。いきなり、難しい課題を与えて目を覚まさせるやり方も有効である。

B課長のように、ゆっくりと助走期間を与える方法もあるが、この方法は諸刃の剣である。相手によっては、自分は認められていないと思って自信を失う場合もあり、また、何をと発奮して猛勉強する場合もあろう。ただ、今回のケースのように、2か月はやや長すぎるし、1年は論外だ。

また、A係長はいろいろ悩んで、思い切ってB課長に思いをぶつけたが、それまでの2か月間にも、課長から係員へという仕事の流れに自分から関与する試みはできたのではないか。

思い悩んだら、いろいろ作戦を考えて仕掛けてみることも必要であり、その場合、B課長がどのように対応するのか、その出方を楽しむくらいの余裕を持ちたいものである。

問題点 ❓ 新人の鍛え方は、いろいろあるけれど

この事例の問題点としては、以下の点が指摘できる。

第一に、B課長の指示の方法である。いくら新任係長だからといって、2か月間も係長を無視して係員に直接指示をするのは、組織管理の考え方からしても望ましいやり方ではない。係長の反発を招くか、モラールがダ

ウンするか、いずれにしても組織にとってマイナスとなる可能性が高い。B課長が自らやり方を変更することが望ましいが、それが困難なら、やはり係長の行動が必要である。

　第二に、若手のC係員の行動に対しては的確に対応できたが、このままの状態が1年も続けば、ラインとしての意思決定ルートが崩れてしまうことにもなりかねない。A係長は、このことにも十分に留意して、早めの対応を的確に行うことが求められている。動き方はいろいろ考えられるが、課長の今のやり方に納得できないのであれば、それに風穴をあけることを考える必要がある。係員は、係長を信頼して相談にきているようであるので、係員とともに当たっていくことを考えてみたい。

　第三に、2か月間何もしないA係長の消極性である。A係長はこれまで仕事ではチャレンジ精神をもって取り組んできたとのことなので、ここでも自分から積極的に動いてみる必要がある。

解決策　思い悩むより、まず行動

　この事態を解決するには、どうすればよいのだろうか。

　第一に、A係長はB課長に、引き続き自分に、直接指示してくれるようにお願いすることである。課長が自らのやり方を改めるのが最も望ましいので、今後とも、そうした依頼は必要である。しかし、直近のA係長とB課長のやりとりから見ると、あまり、効果は期待できないと思われる。正攻法が難しいとすれば、次はからめ手を考えてみる必要がある。

　第二に、事態の改善に向けてA係長が自分から行動を起こすことである。まず、B課長が係員に直接指示した場合には、係員を呼んで指示内容を聞いてみる。指示に対する具体的な解決方法は、係員にまず考えさせるが、係長からも適切に助言をして回答内容をまとめてみる。課長への回答は、係員に同席して係長も一緒に行い、そこでの議論では、自分の考えも積極的に述べることにする。

　また、係員から相談を受けた場合、一緒に解決策を考えて、必要があればこちらから課長に積極的に報告をする。その際、「課長のご判断で、必

要な指示があれば是非お願いします」と付け加えて、課長の指示を直接自分に向けて引き出すようにする。

　第三に、こちらが一歩先に進んでいることを示してみることである。A係長は、仕事の概略とポイントについては、ほぼ理解できつつあるとのことであるので、引き続き猛勉強をするとともに、さらに一歩進めて、思いきって現在の課の業務の課題と改善策をまとめ、B課長に提案してみてはどうであろうか。今の段階では、荒削りな内容になってもやむを得ない。新任に近い発想でまとめれば、かえって新鮮な着想が発揮できる可能性も十分ある。課長の対応にいちいち悩んでいるより、こちらから一歩進んで先に提案をしてみるのも一計である。

職場マネジメントの　ポイント

❀自らの力量を向上させる努力を惜しまない

　業務運営の要である係長は、やはり、所管する業務の内容については人一倍勉強する必要がある。そのことにより係長は業務を進めるうえでの自信を得ることになり、これが課長の信頼を得る近道となるのである。

❀係員の信頼を得る

　上司との対応などに悩んだ場合であっても、基本は、誠実に仕事をし、部下を適切に指導・育成することが大切である。こうした取組により係員の信頼は着実に得られるのであり、自らの望む解決策も確実に見えてくる。事例のC係員に対して適切に相談に乗り、指導していくことも、このような対応の1つと位置づけることができる。

❀自分から積極的に行動する

　上司の対応の問題に限らず、自分の自信が揺らいでいる場合は、相手からの対応を待つケースが少なくない。しかし、そうした場合においては、係長としては、むしろ、どのような対応が適当かと考え、実行し、相手から望ましい対応を引き出すように行動していくことも考えたい。「考え、行動する」ことは、職員としての基本である。

事例	7	課長の指示がすぐ変わってしまうので

　B課長は積極的な性格で、指示を決めるのも早く、決断力があることで評価されているが、一方では、一度決断したことを、状況の大きな変化もないのにあっさり変えてしまうことがたびたびある。

　今回、ある新規事業をA係長の係で担当し、係員と何度も協議して実施案を固め、先月にB課長に説明した。B課長からは、いくつかの質問はあったが、いつものとおり決断は早く、すぐ了承となり実施案は決定された。決定を受けて、係では具体的作業に取り組み、来週には、第1回の市民を対象にした事業説明会が開催されることになっている。

　昨日、事業説明会の具体的な進行をA係長がB課長に説明したところ、B課長からは、事業の根幹に関わる内容変更の新たな指示があった。今回の指示に従えば、先月確定した事業内容は大幅に変更になり、予定していた事業説明会の開催も延期することになってしまう。

　A係長もこれにはあぜんとして方針の維持を主張したが、B課長は主張を変えないので、課長の方針変更を職員に伝えざるを得なかった。

　予想どおり、係員からは一斉に不満の声が沸きあがり、「これでは、職員は安心して仕事を進めることができない」「前にも、課長は方針を変更して大問題となった。皆で課長に詰め寄ってでも、今回の方針変更は撤回させよう」といった意見が続出し、収拾がつかなくなってしまった。

　今日、A係長はB課長に係員の意見を伝えるとともに、自分としても今回の方針の変更は承服できないとあらためて申し入れた。B課長は、「確かに考え方は変えたが、前回の決定の時もこれでよいのか自問していた。事業説明会の延期は申し訳ないが、変更した内容のほうが適当だと思う。職員の不満はよくわかるが、係長がよく聞いて納得させてほしい」と言い、撤回に応じることは拒否されてしまった。

　B課長の意向を職員に伝えると、皆黙ってしまい、「組織として仕事をしている以上、上司の決定には従うが、こんなことはこれを最後にしてほしい」と1人の職員が悔しそうに話すのみであった。

分析 ✍ 課長の方針は、そんなに軽いのか

　B課長の指示が素早いのは、決断力があるからではなく、判断するに当たって必要な事項について、十分に考えていないからではないか。これでは、「早飲み込み」と批判されても仕方がない。自ら確信が持てないのに判断しているとしたら、言語道断である。

　また、課長には、職員に対する説明責任もある。係員の不満は係長が聞けばよいという態度では、組織を運営する長である管理職としては失格であると言っても過言ではない。

　理由がない上司の方針変更で、仕事の負担が増えるのは職員であり、B課長はそのことを理解していない。とすれば、B課長にそのことをわからせる必要がA係長にはある。

　また、課長1人の思いつきの変更で組織が振り回されるのも問題である。課長の思いつき程度では、組織としての方針を変更できないような仕組みを作っておくことも考慮する必要がある。

問題点 ? 係長はもっと頑張らねば

　この事例の問題点としては、以下の点が指摘できる。

　第一に、B課長が組織としての意思決定の重みを理解していないことである。即断即決も時には必要だが、十分に考慮せず、その場その場で判断するのは適切でない。1つの案件が課長に上がってくる前には、各係で様々な角度から真剣な議論がなされている。そうした点を十分に配慮して、あらゆる可能性を考慮して、「これしかない」といった覚悟を持って決断する必要がある。

　第二に、係長は単なるメッセンジャーではないことである。A係長は、課長の方針変更には強く反対し、係員の声も伝えて、あらためて方針変更に異論を述べているが、課長や係員の意向をそれぞれに伝えているのみで、係長としてのより主体的な動きが十分に見えてこない。方針変更を避けるために他の手段はないのか、具体的な手立てを考える必要がある。

第三に、職員のモラール・ダウンが顕著なことである。度重なる課長の方針変更に職員は強い不満を述べているが、最後には皆、何も言わなくなってしまっている。この沈黙の怖さを、係長は十分に理解する必要がある。組織である以上、上司の命令はある意味では絶対ではあるが、職員の心が離反した場合、最も影響を受けるのは託されている事業の執行内容である。

解決策　あらゆる手段を考えて

　この事態を解決するには、A係長はどうすればよいのだろうか。

　第一に、課長の方針変更がどうしても適切でないと考えるならば、それを撤回させることを考える。これは、簡単なことではないが、係長としては、結果はともかくあらゆる手段を考えてみる必要がある。1つは、部長に話すことである。方針変更が、課の運営にとって一大事であることを部長に説明すれば、部長も理解し、課長にストップをかけてくれることも期待できる。

　さらに、もう一度課長と話し、「今回の方針変更だけは、業務運営のうえで大変な困難を生じる。課長のご指示ではあるが、やはり従前の方針でやらせてほしい」とあらためて強く要請する。ここまで言っても理解が得られないようであれば、機会を捉えて、職員も巻き込んで課長と話し合いをしてみる。職員の支持が得られないとなれば、課長も考えざるを得ないのではないか。

　第二に、こうした事態を未然に防ぐ仕組みを考えることである。例えば、課長が意思決定した内容は、そのあと部長にも説明して、部としての方針決定に格上げする。あるいは、外部にも可能な範囲で伝えて、課の方針を周知してしまう。こうすれば、課長のその後の心変わりだけで、従前の方針を変更することは困難となり、安易な方針変更による混乱を避けることができる。基本的には、方針を変更しない方がよりよい事業を展開するうえで適当であることを様々な角度から分析したうえ、分かりやすく課長に説明することが重要である。

　第三に、職員のことを最優先に考えることである。これだけ不満の声が上がり、職務遂行への意欲が失われてしまうのは緊急事態と言える。

表面的には上司の命令に従っていても、内心ではやる気を失っている状態では、職務運営が円滑に進むことは期待できず、大きなミスが発生する可能性も高い。とにかく、職員のやる気を維持・向上させるための方策を考える必要がある。方針がどのように決まろうとも、職員とのコミュニケーションを十分にとり、情報の共有化を徹底する。職員の意見は丁寧にすいあげ、必要に応じて課長や部長に相談し、1つひとつ解決していく。仕事の進行管理を徹底し、無駄な作業や手戻りを排する。こうした手だてを積み重ねていく。

職場マネジメントのポイント

❖係長の役割は単なる「メッセンジャー」ではなく、「業務運営の要」

　係長は、単に課長と係員の意向を互いに伝えるためのメッセンジャーではないことをまず心にとどめたい。係長は、課内の業務運営の要として、問題状況の打開を図るため、解決策を考え、積極的に調整することが強く求められる「業務運営の要」である。特に、課長と係員の間で深刻な意見の相違が生じた場合などは、調整に乗り出すべき係長の腕の見せ所である。

❖必要な場合には、課長を超えた立場で職場をリードする

　課長の判断に誤りがあり、課の運営に大きな影響が生じかねないとき、係長は、課長に判断を変えてもらうための方法を考えるべきである。課長への必要な情報の提供、積極的な主張、時には他課からの働きかけなどを駆使し、時には「課長を超える」くらいの覚悟で業務に当たる必要がある。

❖職員のモラールの維持・向上に細心の注意を払う

　上司の指示に従っているだけの組織では、気づかないうちに職員のモラールが低下し、状況が変化したときなど、組織目的を効率的に達成することが困難になる場合がある。また、職員の意欲の減退が見られる場合には、業務の目的や経過などを職員とともに振り返り、業務の意義をあらためて再認識するなどにより、職員の意欲回復を図る。係長は、常に職員と共に考え、行動し、モラールの維持・向上に心がけていきたい。

事例 8　課長はいつも部長の意見に賛成してしまうので

　課の庶務を担当するＡ係長の上司のＢ課長は、大変まじめな性格で報告された資料も細かく読んでいる。また、業務の進行管理にも十分に気を配っており、報告が少しでも遅れると自分から業務の進み具合を聞いてくる。

　しかし、なぜか、自分の意見に自信が持てないようで、周囲の意見を常に気にしている。特に上司のＣ部長の考え方は絶対であると考えているためか、反対することはほとんどない。

　Ａ係長は、できるだけ部下の意見を上司に伝えようと心がけており、Ｂ課長への説明にも担当者を同席させて担当者から説明させている。今回、ある懸案事項について詳細な資料でＢ課長に丁寧に説明したところ、Ｂ課長は「大変よくまとめられていますね。この方針に全面的に賛成です。まあ、念のためＣ部長の考え方も聞いてみましょう」ということになった。

　そこで、Ｂ課長も加わってＣ部長にあらためて説明してみたところ、予想に反してＣ部長は異論を述べて議論になってしまった。これには、Ａ係長も担当者も驚いて、誤解されている点も含めてＣ部長の出した疑問について丁寧に答えたのだが、Ｃ部長は納得せず、「ところで、課長はこれまでの議論を聞いてどう考えているのですか」と尋ねた。Ｂ課長は「私は原案に賛成でしたが、部長がそこまで言われるのなら、それはそれとして部長の考え方をもとにしてあらためて考えてみましょう」と言い出したので、問題は振り出しに戻ってしまった。この件については、仕方なくいくつかの修正をして、最終案をまとめたのだが、Ａ係長も担当者も、上司の意見に簡単に賛成してしまうＢ課長の対応に納得できなかった。

　こうしたことは、このケースだけにとどまらず、他の係長の所管でもたびたび生じており、課長が欠席したある日の係長会で、他の係長から次のような厳しい意見が出された。
「課長は自分の意見を持っているのだろうか。賛成した案でも、部長が異論を述べるとすぐにそれに従ってしまう。これでは、課長に説明

しても仕方がない」
「課長は、念のためと言って部長の意見を聞くけれど、案件によっては聞く必要がない事例もある。そのことを整理しないと、何度も作業をする担当者の負担は増えるばかりであり大変だ」
「部長はこうした職員の気持ちを知っているのだろうか。これなら、はじめから部長を交えて議論したほうが不要な手間は省ける」
　Ａ係長は、何とか事態を打開するためいろいろな方策を考えたいと思案をめぐらしている。

分析　課長に、ここまで定見がないと

　組織は、１つの階層をなしており、上司の判断はある意味では絶対であるが、それは上司の判断に部下がある程度納得している場合に成立することである。課長は課長としての見識とリーダーシップを持つことにより部下の信頼を得ることができる。

　この事例では、課長はまじめな性格で資料もよく読んでいるようであるが、自分の考えは結局持ち合わせていないように映る。そこで、上司の部長が少しでも異論を述べると議論することもなく、自分の考えを変えてしまう。

　上司の意見に従っていれば、それですむと思っているとしたら、思い違いもはなはだしいと言える。自分の考えを固めたのであれば、たとえ相手が直属の部長であろうと、主張すべきことは主張する。上司の主張に合理性があると思えば、部下は部下なりに自らの提案の問題点を整理して修正すればよい。こうした議論を重ねてこそ、初めて組織としての意思決定になるのである。

問題点　何が問題なのかをクリアにすること

　この事例の問題点としては、以下の点が指摘できる。

第一に、Ａ係長はＢ課長に自覚を促していないことである。課長は部下にどのように思われているか、全く気にならないのであろうか。部長の意見に簡単に賛成するような発言があった場合には、その場で論点を提供して議論を仕掛け、課長の考えをあらためて引き出す必要がある。

　第二に、各係長から意見が出される前に、庶務担当係長として何らかの対応をとる必要がある。自分だけでなく、他の係長も同様の経験をしているとしたら、そのことを知った段階で打開に向けて動く。各係長の意見は、かなり厳しい内容であり、そこまで言うからには、こうした事態は共通認識になっていたと思われる。

　第三に、部長に課長の実情を知らせていないことである。課長の議論の相手は部長であり、部長としても簡単に課長が自分の意見に従ってしまうことに、不信感を持っていることも考えられる。課長がすぐに上司の見解に従ってしまうことが、課全体にとって大きな問題であることを、具体的な事実によって部長に知ってもらう必要がある。

解決策　諦めないで課長に分からせること

　この事態を解決するには、Ａ係長はどうすればよいのだろうか。

　第一に、部長への説明の場を実質的な検討ができる場にすることが必要である。課長が簡単に部長の意見に賛成する姿勢を示した場合には、「その点については、課長は私たちとの議論では、別の意見をお持ちでしたが、その点はいかがなのでしょうか」と発言して、課長にあらためて考えてもらう。あるいは、「課長も賛成された原案と、部長のご意見ではこうした点が明確に異なっています。私としては、原案のほうが実情に即していると思いますが、課長は最終的に部長のお考えのほうがよいと思われているのですか」と聞いてみることも有効である。とにかく、議論もなく終わってしまうのではなく、最後は部長の見解が結論になるとしても、議論を重ねることが必要である。

　第二に、他の係長と必要な連携をとることである。他の係長も課長の対応に不満があるのは明らかであるのなら、どうすればよいのか、各係長と

相談をしてみる。各係長が課長とともに部長に相談するときにも、第一の解決策と同じように課長を議論の場に引っ張り出すように工夫する。必要があれば、庶務担当係長として同席して、あえて横から発言して論点を作ってみることも考えたい。こうしたことを重ねれば、課長も、部下と議論したうえで自らも賛成したことの意味の重大さが分かってくる。

第三に、部長に課長の対応が問題になっていることを率直に伝えることである。部長としても、そうした事実を知れば、課長からの説明を聞く際に、課長の考えを引き出すことに配慮してくれると考えられる。また、最終案をもって部長に説明するのではなく、中間段階であっても、課長を交えて部長に説明することも1つの方法である。中間段階であれば、かえって広い観点で検討できるし、課長も思い切って意見を言えることもある。こうした場で述べた自分の見解については、課長も簡単には変えないのではないかと考えられる。

職場マネジメントの　ポイント

❖係長は、課長に嫌われても、必要な役割を果たしていく

事例のような事態を放置すれば、課内の雰囲気は更に悪化していくであろう。課長にとっては面白くないかもしれないが、係長は、やはり、重要な論点については、その考え方と対応策が明確に課や係で共有できるものになるよう、様々な場で計らっていくことが必要である。

❖日頃からの議論を大切にする

物事の考え方が適切なものとなり、それが職場で定着していくためには、日常の様々な場面において、管理職・監督職・職員を通して、闊達な議論を重ねることが重要である。こうしたプロセスを通せば、職員には課長の考え方、課長には職員の考え方が理解され、冷静で成果の上がる議論ができるようになる。係長は、職員に近い係という組織の長として、そのような組織風土をつくっていくことが求められ、それが係、ひいては課の安定的で効率的な運営につながっていくと考えるべきである。

| 事例 | 9 | あまりに細かい指示を繰り返す課長 |

　A係長の上司であるB課長は、日常の仕事での指示が細かい。

　文章の手直しも多く、趣旨は了解しても、句読点の打ち方までいちいち細かく指示をしないと気がすまない。

　A係長の係では、担当業務の1つとして、学識経験者や市民の代表が委員となっている懇談会の事務局を所管している。懇談会は、概ね2か月毎に開催しているが、会議資料の準備はA係長をリーダーにして5人の係員全員で担当している。会議資料の作成に当たっては、完成した分から、A係長とC主任でB課長に説明する。説明を受けて、B課長はいくつかの指示を出し、その趣旨にそってあらためて訂正してB課長に提出し、B課長は、「まあ、内容はこれでよい」と言うが、実はそれからが大変なのである。

　係員たちは、順次、新たな資料の作成作業を進めているが、B課長は、一旦は了承した資料を再度読み返しては、訂正の指示を出す。1つの資料について、文章の細かい表現まで赤字で修正をするので、ページによっては修正文で真っ赤になっている。A係長は、指示された修正内容についてすべて納得はしていないが、上司であるB課長の指示なのでそのままC主任に伝え、C主任も各係員にそのまま伝えるので、係員たちは、新たな資料の作成にB課長から指示された資料の修正が重なり、ミスも生じやすくなってしまう。

　さらに、B課長は自らが修正を命じた資料を読み返して、新たな修正を加えるので、1つの資料が完成するまで、5回程度の手直しがある。懇談会の日時が迫っても、B課長の訂正の指示は続き、直前の1週間は、係長以下全員が残業することになってしまう。

　ある日の懇談会は、どうにかギリギリで資料が間に合い、無事終了したのだが、B課長からは、事務局の職員にねぎらいの言葉1つない状況であった。

　翌日開かれた定例の係のミーティングで、ついに係員の不満が爆発した。

「なぜ、係長も主任も黙って課長の指示を受けているのか。課長の提

案を納得しているのか」

「これからは、文章の訂正は係長と主任でやってほしい」

「趣旨が変わらないのであれば、表現の訂正はあまり意味がないことを全員で課長に申し入れよう」

　次々に飛び出す不満に、Ａ係長とＣ主任は何も言えず黙って耐えているのみであった。

分析 　管理監督者としての資質に問題が

　事例の背景には、何があるのであろうか。もちろん、管理職としてのＢ課長の資質に問題がある。文章の趣旨が変わらないのに、細かい表現の修正を作成期限の直前まで繰り返しているのでは、管理職の事務処理能力、判断力として失格である。膨大な作業を行っている事務局に、ねぎらいの言葉１つかけないのでは、その人間性も疑問である。

　次に、Ａ係長とＣ主任は、なぜ何も課長に言わないのだろうか。特に、係のまとめ役であるＡ係長は、係員の置かれている状況はわかるはずであるのに、何も手を打っていない。

　また、Ｃ主任が何もしないのも情けない。Ｃ主任は、係長より、係員により近い立場にある。それなのに何もしない。次期係長候補としては、こちらも失格と言えよう。

問題点 　係長として自覚ある行動が必要

　この事例の問題点としては、以下の点が指摘できる。

　第一に、Ｂ課長の仕事のやり方である。「木を見て、森を見ない」とはまさにこのことである。文章の趣旨を承認できるのであれば、細かい表現などは個人の嗜好の領域になることも多く、その場合は、極端に言えばどうでもよいのである。そのことに気がつかない課長とは何なのか。しかし、文章の修正がどうでもよい部類に属すると言うなら、その裏づけが必要で

ある。実情を的確に把握することがまず求められる。

　第二に、課長の細かい指示をそのまま受け止めているＡ係長も、問題である。課長の指示に納得しているのなら、係長本人の資質の問題とも言えるが、納得していないのであれば、なぜ、何も言わないのであろうか。Ｂ課長の修正の指示は意味がないことを指摘すべきであり、また、Ｂ課長の度重なる修正の指示がどれほど係員の重荷になっているか、その実情をＢ課長に説明する必要がある。

　Ｂ課長がそれをどの程度理解するかはわからないとしても、係員と課長の連結ピンとしての係長の役割は、とりわけ重要であり、時には、課長と言い争うぐらいの迫力を持ってほしい。そうした姿を見せないと、係員からの信頼を得ることはできない。

　第三に、仕事の進行管理ができていないことである。懇談会の日程は決まっており、それに向けて処理すべき仕事の量も予測できる。そうすれば、当日までの仕事の段取りを決めておくことも可能であり、文章の修正がどれほどの優先度を持つのか説明もしやすい。詳細なスケジュールの作成は、課長への対抗策の１つともなる。

解決策　強硬手段をとってでも

　この事態を解決するには、Ａ係長はどうすればよいのだろうか。

　第一に、課長の要求が理不尽であるかどうか、Ａ係長は、あらためて文章の修正の意味とそれに要するマンパワーを冷静に分析する。そのうえで、そうした「費用対効果」をＢ課長に理解させることが必要である。

　第二に、Ａ係長自身が修正を納得しないのであれば、Ｂ課長にそのことを伝える必要がある。「資料の趣旨と内容を課長も了承されているのであれば、細かい表現の修正はこの場合は必要ないと思いますが、いかがでしょうか」くらいのことは、少なくとも言わなければならない。また、Ｂ課長には、係員がどれほど苦労しているかを率直に伝えるべきである。Ｂ課長の細かい指示により係員が残業を重ねることは、仕事の能率に大きな影響を与えることになる。また、必要のない残業は貴重な税金の無駄遣いとな

り、極端な場合には職員の健康にも関わってくることになる。

　第三に、B課長に強く出るためにも、仕事のスケジュール管理は、周到に進めておく必要がある。懇談会の当日まで、これだけの量の仕事をこうした日程で進める必要があるということを、事前に用意しておけば、B課長の費用対効果の視点を欠いた要求をはねつける際の有力な武器の１つとして十分に使える。

職場マネジメントのポイント

❖部下に指示を出すには、その内容をまず係長自身が納得する

　係長は、課長からの指示があったとき、「その指示内容をそのまま伝えることが最も重要」と考えるのは適当でない。係長が指示の趣旨を理解せずに部下に伝えてしまっては、部下は指示の内容を的確に理解することができない。係長は、課長の指示内容の趣旨とその具体的な内容を的確に理解し、部下に伝えるべきである。課長からの指示の内容が理解できない、あるいは、納得できないといった時は、課長とよく話をし、両者の意思を統一してから部下に指示すべきである。理解していない指示をそのまま部下に伝えるだけでは、コミュニケーションの「連結ピン」としての役割を係長が適切に果たしているとは言えない。

❖コミュニケーションをとるうえで、係長は相手の状況を十分に把握する

　コミュニケーションの経路において、係長は、情報を伝える相手側の状況を十分に把握しておくことが重要である。相手は、どのような問題意識と関心を持っているか、また、今どのような仕事に取り組み、どのような状況にあるかなどについてである。例えば、部下との関係でいえば、係職員が皆、残業が続いて心に余裕がないといった時は、おのずと話題や言い方などに注意が必要である。また、基本的にはこのような場合、係長は、残業が続いていることに対して何らかの解決策を持ち、コミュニケーションの中で示していくことなどの対応をとることも求められる。

113

事例	10	いつも大事なときに課長が席にいなくて

　庶務担当のＡ係長の上司であるＢ課長は、外向的な性格であり水面下でもよく動く。「交渉」と称して席を外すことが多く、行き先はＡ係長も知らないことが多い。また、議員や仕事で関係する業界との付き合いも大切にしており、情報量が他の課長に比べて豊富なので、仕事のポイントを外すことは少なく、部長や副市長をはじめ幹部の受けはよい。

　その結果、いつも忙しそうに飛び回っており、そのうえ来客が多いので、席について仕事をしていることはほとんどないといった状態である。また、課長が不在であるので、決裁は溜まる一方であり、係長や職員が課長と相談する時間を取るのが難しい場合もある。さらに、プレスへの対応など、本来は管理職である課長が行うべき仕事も、やむを得ず相手に断って各係長が対応したり、場合によっては部長にお願いしている。

　今日は、事前の連絡もなく、ある住民団体の代表が来て課長に面会を求めたが、課長が不在であったので、仕方なくＡ係長が代理として対応した。しかし、管理職ではないので回答には限界もあり、相手からは「連絡せずに来たこちらも悪かったが、この課の課長さんは、いつも席にいらっしゃらない。留守を守っている係長さんも大変ですね」と言われてしまった。

　職員からも「課長はいつもどこで何の仕事をしているのだろうか」「係長は、少なくとも課長の行動は把握しておく必要があるのではないか」「課長の不在による決裁の遅れは、これまで大きな問題になっていないが、緊急に決裁が必要なこともあるのでやはり課長は席にいてほしい」といった声も多く寄せられ、Ａ係長は、「もう少し席にいて、課の仕事の実情も把握してください。また、少なくとも、外出先は教えてほしい」と、Ｂ課長に率直に話してみた。

　Ｂ課長からは、「私はいつも携帯電話を持っているので、外出先をいちいち教える必要はないと思う。何かあったら、すぐ戻るので、これからは遠慮せずに携帯電話に連絡をするように。私がいなくても、

あなたたちが十分仕事をしてくれているので、課のことは少しも心配していない」と言われてしまった。

分析 ✏️ 自分は大物と思っているけれど

　この事例の背景には、何があるのであろうか。1つには、B課長の大物のような振る舞いがある。B課長は、自席にいることはほとんどなく、外出しているか、いても来客への対応にかかりきりである。議員や業界との付き合いを大切にし、その情報量の豊富さで役所の幹部の受けはよい。

　しかし、一方で、自分の課の仕事は、係長以下に丸投げしているのに近い状態で、そのことについて、自責の思いは少しもない。こうした課長は、本当に大物と言えるのだろうか。自分の課を大切にして、そこをきちんと管理してから、外に眼を向けるのが真の大物ではないか。

　また、係長たちは、プレス対応や住民対応など、本来は管理職が行うべきことを仕方なくしている。いつまでもその状態が続いてよいはずがない。

　いつか大きな事件が起きる前に、現在の状況が普通でないことをB課長に理解してもらう必要がある。

問題点 ❓ 係長は真面目なだけでは不十分

　この事例の問題点としては、以下の点が指摘できる。

　第一に、B課長の、外面だけがよすぎる対応である。いくら携帯電話を持っていても、「交渉」と称して誰にも行き先も教えないのでは、管理職として適当とは言えない。課長としての本来の仕事であるプレス対応や住民対応を係長に代行させ、自分だけが「情報集め」に奔走しているのでは、市の上層部からの覚えがいくらよくても、課の職員からの信頼を得ることは難しい。

　第二に、係長たちが声をあげないことである。係員からのB課長への不満の声を聞いて、A係長はB課長に話しをしているが、それでは不十分である。プレス対応や住民対応を代行して、黙々とこなしているのは確かに

立派ではあるけれど、各係長はB課長への不満を募らせているだろう。それならば、なぜ、そのことを直接課長にぶつけるなどの打開策をとらないのか。係長は、真面目なだけでは不十分である。

第三に、課長も係長も危機管理の意識がないことである。役所の日常の仕事だけ考えれば、管理職が不在がちであっても、係長以下で対応することもある程度可能である。しかし、大きな自然災害や、人為的な事件・事故など、役所はいつ危機に見舞われるかわからない。その時、管理職が不在だとすればどうなるか。「危機管理マニュアル」などは整備されているだろうが、現在の課の状況から判断して、課長も係長も危機管理対応そのものについての認識が甘いと言わざるを得ない。

解決策　課長に冷や水を浴びせることが必要

この事態を解決するには、どうすればよいのだろうか。

第一に、A係長は、自席を常に離れていることが、管理職として問題であることをB課長にわかってもらう必要がある。まずは、B課長にプレス対応や住民対応の実情について、あらためて率直に話してみる。こうした業務が不十分で終わることがあってはならないと訴える。このような対応によっても効果がないなら、部長に話してみる。部長はB課長を評価しているようであるが、プレス対応の代行をやらざるを得ないなど、内心では、苦々しく思っているのではないだろうか。B課長が不在であることによりもたらされている具体的な弊害について相談すれば、部長が積極的に対応してくれる可能性も高い。

第二に、A係長は、B課長にもっと問題を持ち込んでみることである。B課長の在席のときに、課の抱えている課題についてきちんと説明する。その際に、「この問題については、是非とも課長の指示をお願いしたい」と付け加える。課長がそれでも「こうした問題は、係長の対応で十分だ」と言ったら、各係長は、「私たちの手に余る問題ですので、課長の指示が絶対に必要です」などと言い返すことも必要である。

第三に、課・係をあげて危機管理意識を持つことである。具体的な手だ

として、例えば、職場の危機管理マニュアルを見直すことをA係長から働きかける。これは、近年の大地震や集中豪雨などで高まる懸念への対応にもなる。非常時における連絡体制や、業務の役割分担などを再確認・再検討するなかで、管理職・監督職の所在の明確化と情報伝達経路などを俎上に乗せ、管理職が所在を明らかにすることの重要性を浮かび上がらせる。こうしたことを契機に、職場のコミュニケーションや情報の共有体制があらためて整備され、B課長の行動も自制されていくことが期待される。

職場マネジメントのポイント

※係長は、不要な離席をしない

　「部下が相談したいことがあるのに上司がいない」という状況は困りものである。係長も、何かと忙しく動き回ることも多いであろうが、動き回ることは仕事をしていることと同義でない。また、そうした状況は、部下にとっては相談しにくい状況であることを心しておくべきである。

　係長も、「必要な時を除いて離席しない」、「席にいていつでも部下からの相談や報告を受けられ体制を取っておく」ことが重要である。係長は、部下に対して、「いつでもウェルカム」との姿勢をとっていきたい。

※コミュニケーションは、係長から取りにいく

　上司や部下との意思疎通が十分でない、と感じることは少なくない。そうしたとき、係長は、ともすれば、「上司は何も話してくれない」、「部下は、どの主事も全く相談・報告にやってこない」などと、相手に視線が行ってしまう。しかし、このような時は、係長は発想を変えて、「こちらからコミュニケーションを取りにいかなければならない」と考えたい。お互いににらみ合っていては、行きつく先は「埒が明かずに業務や職場環境に支障が生じる」という状況である。そもそも、上司と部下では、上司（係長）の方が部下（職員）に対して働きかけるべき立場である。なお、この考えだと、相手が課長の場合は、課長から…、となるが、そこは自身の度量から、こちら（係長）から上司（課長）に働きかけにいくのである。

117

第2部

事例編

3　他係などとの連携

事例 1 係間の協力の進め方

A係長の課は、4係で構成されており、各係の仕事には共通点ももちろんあるが、実際の業務内容はかなり異なっている。各係の仕事量も時期によってまちまちであり、A係長の係は年が明けて年度末までが忙しい。そうしたなか、今年は国の法律改正に伴う制度改正が重なり、年明けからの業務量は例年の4～5割増が予測されている。

A係長はどのようにすればこの繁忙を乗り切れるかを思案してきたが、11月になって、短時間勤務職員の1名増員による対応しかないとの結論となった。そこでそのことを課長に相談したところ、課長からは「今の市の財税状況から見て、短期間であっても人員増など簡単にはできない。課内の他の係に協力を求めて課全体で対応しよう」と言われた。

課長からは、翌週の係長会で、A係長の係の仕事が年明けから年度末までの間、例年になく多くなるので、各係はできる限り協力するよう指示を出してもらったが、各係長からは特に意見はなかった。

ところが、課長が退席したあと、3人の係長からは様々な意見が出された。B係長は「協力したいが、同じ課であっても他の係の仕事の内容はよくわからない。手伝えるとしても、単純なことしかできないが、それでよいのか」と言われた。また、C係長は、「手伝うと言っても、他の係の仕事にまで私から係員にいろいろ指示はできない。忙しいA係長の係の職員が他の係の職員の面倒を見る余裕はあるのか」との意見であり、D係長の意見は「私個人は喜んでお手伝いするが、係員にまで他の係の仕事を手伝えとは言いにくい。係員に具体的な職務を命じるのは、やはり課長からではないだろうか」とのことであった。

A係長は、各係長の意見を課長に伝えて、今後の進め方を相談したところ、課長からは、「それぞれの係長の意見はもっともなので、仕事を頼むあなたが問題点を整理して、次回の係長会であらためて具体的な進め方を相談しましょう。今度は、私も最後まで係長会に出席しますよ」と言われた。

A係長は、どのようにして他の係の協力を得るか、よく考えること
にした。

分析 ✍ 協力はしたいけれど

　同じ課だといっても、確かに各係の仕事がすべて同一であることは、ほ
とんどないだろう。だとすれば、他の係の仕事に協力するといっても簡単
にはことは進まない。1つには、協力する仕事の内容を、具体的に明確に
する必要がある。さらに、仕事進める際、係をまたがるので、指示する側
と指示される側の指揮命令に関する問題がある。

　人を増やすことが難しいのであれば、係間の協力を考えることは不可欠
である。そこで、大切なのは、協力する側と協力される側が、事前に十分
に問題点などをすり合せておくことであろう。各係長の発言を聞く限り、
はじめから協力する気がないわけではなく、協力したくても、様々な懸念
が先に立ってしまう状況にあるようだ。だとすれば、その懸念を1つひと
つクリアしていく努力を重ねることが求められている。

問題点 ❓ とにかく疑問を出し尽くすこと

　この事例の問題点としては、以下の点が指摘できる。

　第一に、他の係に応援を頼むのであれば、具体的にどのような仕事を頼
むのか明確にする必要がある。法律の制度改正にともなう仕事などは、あ
る程度の知識を得る必要があるなど、意欲を持って業務に当たってもらう
必要がある。依頼する業務の明確化は、極めて重要である。

　第二に、A係長は、応援の依頼をされる職員が前向きに取り組んでいけ
るような環境を整備することである。可能であれば、A係長の係が所管し
ている仕事の一部を、丸ごと他の係にお願いする方法も考えたい。この方
法をとれば、頼まれた係も責任感が増し、やり甲斐も出てくる。しかし、
この方法をとるためには、周到な準備と事前の研修などが必要であり、か

121

なりの負担になることを覚悟しなければならない。

　第三に、他の係に頼むからには、A係長の係もそれなりの努力をする必要がある。仕事のやり方を見直して、可能な限り自分の係で処理できるように努力し、それでも乗り切れないときに、他の係に応援を依頼するように計らうことが必要である。

　同一課内の係協力は、順調に進めば、課内の一体感が増しプラスの効果が期待できるが、1つ間違えると課内に軋轢が生じ、課内の雰囲気も悪くなる。ポイントは、1人ひとりの職員の理解と納得を十分に得ておくことである。

解決策　課全体での議論が出発点

　この事態を解決するには、どうすればよいのだろうか。

　第一に、A係長が各係に今回の提案を持ち込み、各係であらゆる角度から議論し、疑問点を徹底的に洗い出してもらうことである。各係の係長が納得していても、その係の係員が疑問を持っていれば、実際の協力は上手くいかない。各係の疑問点はすべて係長会に持ち寄り、整理して解決策を模索することである。こうした作業を何回かくり返すことにより、課全体として「A係長の係に協力しようという気運」を高めていく。

　第二に、A係長の係で、各係に協力をお願いする仕事の具体案を詰めることである。その前提として、依頼される各係の仕事の状況を十分に把握し、この仕事であればこうした工程で対応してもらえるというところまで検討する必要がある。その際には、単純作業だけでなく、ある程度判断を要する仕事を依頼することも必要になってくる。判断を要する仕事を依頼することは、依頼される側の負担は増大するが、一方で、他係の仕事を「押し付けられた」という気持ちを緩和することもできる。A係長は、依頼する仕事の具体的な内容や、業務を行ううえで獲得してほしい知識、A係長の係でのバックアップの方法などをできるだけわかりやすく示し、円滑に協力が得られるように環境を整備していく必要がある。

　第三に、A係は仕事の効率化を目指し、執行方法の見直しなどの内部努

力を進める必要がある。頼まれたほうも、頼んだほうがあれだけ努力して
いると実感できれば、快く仕事に応じてくれるだろう。

　最後に、４人の係長が常に緊密に連絡をとりあい、お互いの信頼感の維
持に努めることである。こうした、係の枠を超えた協力を進めるときには、
どうしても人間関係がギクシャクして、感情のもつれなども生じかねない。
そのような状況が少しでも見えたならば、Ａ係長が率先して話し合いの場
を設定し、ほころびが大きくならないよう効果的な手を打つことが必要で
ある。逆に、もし、係長同士がいがみ合うような事態になれば、混乱が大
きくなることを自覚する必要がある。

職場マネジメントのポイント

❖係間協力を通して職場の一体感を高める

　行政へのニーズが複雑多様化すれば、他の課との協力を進める必要性は
高まる。事例は、そのような取組をするときに参考としたいケースである。
同じ課にいても、隣の係が何をしているのか、よくわからないということ
はしばしばある。事例のような具体的な問題への取組は、そのことを通し
て職場内の各職員・各係の業務内容や職員の苦労などを互いに知り、職場
の協力体制や職場の一体感、モラールを高める効果が期待できる。

❖係間協力を仕事見直しのチャンスとする

　他の係と協力するとなれば、必然的に自分の係の仕事にも眼が向く。各
係においては、とくに係長が率先して、この機会を活かして仕事の効率化
に向けた積極的な取り組みを進めるべきである。このように、係間協力の
輪を広げることには大きな意義があり、また、意義を生み出すように努力
すべきである。

| 事例 | 2 | 係長会が情報交換で終わってしまうので |

　Ａ係長の課は５係で構成されており、各係の業務には相互に関連している内容も多くある。係員レベルでは、係の枠を超えて必要に応じて仕事の連絡をとりあい、協力して仕事を進めている。

　市では、毎週月曜日の午後に庁議が開かれ、各部長が参加している。そのあと各部では課長会が開かれ、Ａ係長の課では、翌日の火曜日の午前９時から課長も出席して定例の係長会が開催されている。

　係長会では、庁議で報告された事項のうち、主要な事項がペーパーで配られ簡単な説明がされるとともに、事前にパソコンの共通ファイルに入力されている週間予定表が配られる。各係長は、自分の係のその週の予定を報告するとしており、それを受けての議論は特になく、課長からの発言がなければ係長会は10分程度で終わる。

　Ａ係長が以前在籍していた課では、係長会で課の共通課題について議論され、今後の仕事の進め方の役に立ったので、ある日の係長会でＡ係長は「今のままの係長会では、スケジュール確認だけであまり意味がないと思う。もう少し議論する場にすべきと思うが、どうか」と問題提起をした。

　Ｂ係長は、「確かに今はスケジュール確認だけで、それならパソコンを開けば確認できる。係長会は止めにして、庁議などの資料は回覧すればよい」との意見であり、Ｃ係長は「係長会は継続して、それとは別に、必要があればテーマを決めて議論する場を設けたらどうか」と発言した。また、Ｄ係長は、「議論が大切というのはわかるが、当課では実際の仕事を進めるなかで必要な議論がなされているのではないか。殊更に議論する場を設けることは、必要ないと思う」と発言し、Ｅ係長は、「Ａ係長の意見に賛成である。課長も加わっている貴重な場を活かして議論することが必要だ」との意見であった。

　最後に、課長から「みなさんの意見はそれぞれもっともであると思う。私も今のままでよいとは思っていないので、必要な見直しをしたい。ここは、問題を具体的に提起してくれたＡ係長に、議論のたたき台となる改善案をまとめてもらい、次回の係長会で検討しよう」とい

うまとめがあった。

　Ａ係長は、問題提起をしてよかったと思う反面、各係長の意見には幅があるので、あらためて効果的な改善策を検討したいと考えた。

分析 ✍ 踊りもしない会議では

　役所と言えば会議の連続で、主要な幹部ともなれば、予定表は会議への参加で埋めつくされてしまうことも珍しくない。しかし、それぞれの会議は、本当に必要か。メンバーが集まるだけで議論らしい議論を行っていない会議も、少なくないのではないか。

　今回の事例も、そうした役所の会議のあり方が問われていると言える。パソコンが普及し、各自が画面で情報を確認し、連絡し合えるようになれば、会議は必要ないという見方もある。一方では、フェイス・ツー・フェイスの会議だからこそ得られる成果もある。要は、会議に何を求め、どのような成果を期待するかであり、また、実際の成果を確認することも重要である。

　このような議論を進めると、ひょっとして「役所における会議の見直しのための検討会」が発足して、また１つ会議が増えてしまうかもしれない。

問題点 ❓ 会議の目的をはっきりさせる

　この事例の問題点としては、以下の点が指摘できる。

　第一に、毎週定例的に開催されている係長会の開催目的について、共通の理解がされていないことである。係長の発言からは、スケジュール確認の場であるとの理解もあれば、議論する場であるとの理解もある。これだけ理解に幅があると、会議に出席する姿勢にも大きな違いが出てくることになる。まずは、係長会の開催目的について、参加者の間で明確化し、共有する必要がある。

　第二に、議論と一口で言っても、集まって意見を言えばよいというもの

125

ではなく、内容を伴った議論を進めることが重要である。実質的な議論をするためには、参加者は前もって心積もりをする必要がある。テーマは事前に参加者に周知する、議論に必要な資料は準備するなど、議論を円滑に進めるための条件整備をする必要がある。

第三に、職員レベルの情報連絡と、係長会での議論ではその対象となる範囲が異なるということである。職員レベルの議論では、事務執行を進める点での問題点の解消が主たる目的となるが、課長を含めて係長会で職務遂行について議論するとすれば、今後の業務の進め方など、課全体に関わる重要事項についてとりあげることができるようになる。

解決策　有効な議論が成り立つために

この事態を解決するには、A係長はどうすればよいのだろうか。

第一に、係長会の開催目的を明確にすることである。係長会は、庁議などの会議内容の報告の場と、係のスケジュールを確認する場だと位置づける方法もある。こうすれば、無理にテーマを設定して議論をする必要はなくなる。あるいは、A係長が問題提起したように、議論する場とは別のものと整理することも可能である。ただ、実質的な議論をするにはそれなりの準備が必要であることを考えると、係長会は、スケジュールを相互に確認し、あわせて、それぞれの係において重要と考える事項について、報告あるいは問題提起をする場と位置づけるのが１つのあり方であろう。

第二に、スケジュールを相互に確認する場だからといって係長会を廃止しても構わないという考え方には異を唱えるべきである。パソコンの画面で確認するのではなく、一堂に会することにより、スケジュール確認を通して課の課題を発見することは可能である。

例えば、ある係長が参加する予定の会議の議題が、他の係長の職務とも密接に関係することがわかれば、一緒に参加することにすればよい。また、別の係長のスケジュールを確認するなかで、自分の係の課題についても認識を深めることができる。要は、単にスケジュールを確認するだけでなく、その意味を相互に確認し、有効に活用することである。そこから課として

の議論のテーマが浮かびあがれば、別途議論する場を設けるのである。

第三に、係長会とは別に、課長と係長が一堂に会して議論する場を設ける。この会議は、例えば、課としての事業のあり方など政策的な課題について、効率的に幅広く議論する場とする。議題については、各係で係長のリードのもとで事前に十分に議論を重ねておくことが必要である。必要な資料を用意するとともに、次回の議論へとつなげるために、会議録またはそのポイントをまとめておくこととしたい。事前の準備などを行う事務局は、各係で順番に担うのも一案だ。こうした経験を積むことにより、会議の参加者は、効果的な会議運営のためのルールを習熟することもできる。

なお、課長と係長が一堂に会するべき適当な議題がないときは、無理に会議を設ける必要はないとすべきである。

職場マネジメントの ポイント

※係長は他の係の仕事にも関心を持ち、理解する

係長は、自分の係の仕事のみに注意を払うことから脱却し、他の係にも注意し、その事業などを理解するように心がける。課業務の全体を知ることにより、自分の係の業務の理解をさらに深めることができる。自分がとり組んでいることを「外から見る」ことは有意義であり、業務を効率的・効果的に進めるためのヒントも、必ずそこにある。

※議論の輪を率先して広げる

係長自らの見識を広げるためにも、検討内容を充実させるためにも、係内で広く活発な議論をしていくことが極めて重要である。一人の職員の検討から出てきた問題については、関係する職員から情報を得るようにし、また、意見を求めていくように留意する。風通しのよい職場づくりを心がけ、問題意識を係で共有していくことは、業務の適切な推進と係の一体性の確保につながる。

事例	3	庁内の係長の協力が得られなくて

　A係長は、保健福祉課の係長であり、新たな保健と福祉の複合施設の計画を所管している。この計画は、市議会でも繰り返し各会派から要望され、「建設に向けて早急に検討したい」と市長は答弁している。

　また、市内の関係する各団体からも要望書が提出されており、市では優先順位の高い事業の1つである。しかし、新たに施設を建設するとなると、資金計画、用地確保、施設の内容、維持管理費の将来予測など、A係長が庁内の関係各課と調整し、クリアしなければならない課題は山積している。

　A係長は、これらの課題の一覧表を作成して上司のB課長と今後の進め方について相談したが、課長からは「この問題は、庁内でも最重要案件の1つとして認識されている。関係課で実務を所管する各係の係長も建設の必要性についてはわかっていると思うので、まずは関係する係長同士、事務レベルで十分に協議してほしい」と言われた。

　そこで、A係長は各係長との交渉に入ったが、いずれの係長からも色よい返事はなかった。財政を担当する課のC係長からは、「その課題は認識しているが、市の財政は厳しいので、もう少し先送りできないか」と言われた。また、建設課で用地確保を担当するD係長は、「適切と思われる用地があったのだが、他に利用することが決まってしまった。他も探してみるが、交通至便な地にそれだけのまとまった用地を見つけることは簡単ではない」と申し訳なさそうに言うのみであった。同じく建設課の施設管理担当のE係長の答えは、「将来の維持管理コストを考えると、指定管理者の採用など、管理体制を十分に考えておくべき」とのことであった。

　A係長は、これらの状況をB課長に伝えたが、課長は驚いた様子で「市長の議会答弁もあるし、もう一度各係長に当たってほしい」と言うのみであった。

　そう言われても、係長の立場では具体的な手はなくしばらく様子を見ていたところ、急に明日、市内の関係団体が要望書を持って、あらためてB課長のところに来ることになった。

B課長からは、「いつまでも宙ぶらりというわけにはいかない。大変だけど、各係長に再度交渉してほしい」と言われた。

何故、B課長は自分から動かないのだろうかと思いつつ、A係長は、重たい気持ちで各係長に話し合いの時間の予約をとった。

分析 重たい課題を係長1人では

この事例の背景には、何があるのだろうか。関係する各課との交渉を、まず係長が担うとしても、相手が快く動いてくれない場合には、係長の力だけで進めようとするのは非常に難しいと思われる。

それなのに、課長が動かないのはなぜだろうか。成算が見込めないので、自分の"得点"にならないと思っているのかもしれない。しかし、市長が市議会で「検討する」と言った事実は重いので、係長は課長に調整をお願いする必要がある。さらに、課長でも難しければ部長レベルの調整も必要となる。

また、関係する部課が多く、検討すべき課題が多岐にわたるのであれば、庁議で「建設推進委員会」などの設置を決めて、市をあげて取り組む体制を構築するぐらいの覚悟が必要である。

係長は引き続き事務レベルの折衝を続ける必要があるが、問題解決のレベルを格上げすることが急務である。

問題点 いつまでも、係長1人が担うのでは

この事例の問題点としては、以下の点が指摘できる。

第一に、これだけの重たい課題をA係長1人に担わせていることである。係長ができることとしては、関係する各課の係長と交渉して、相手の考え方を理解するとともに、問題点を整理して上にあげることが重要である。

相手が快く動いてくれない場合に、着地点を見つけることは、係長では難しい場合がある。

第二に、問題解決に向けてＢ課長が積極的に動かないことである。Ａ係長から折衝の経過を聞いた段階で、これからは自分が動くか、もっと上のレベルを動かすのかの判断をすべきである。この判断をせずに、安易にＡ係長に事務レベルによる交渉を再度命じていることは、管理職として不十分な対応であると言わざるを得ない。

　第三に、Ａ係長からも、Ｂ課長に早急に動いてくれるように強く申し入れる必要がある。Ｂ課長から再度の交渉を要請された段階で、打つ手がないのであれば、しばらく様子を見るのではなく、すぐに問題をＢ課長にあずける必要があった。責任感が強いのは評価できるが、係長としての守備範囲についてしっかりと認識する必要がある。

解決策　全庁的な体制の構築を

　この事態を解決するには、どうすればよいのだろうか。

　第一に、Ａ係長は、Ｂ課長が状況を理解し、対応に入ってもらえるよう、現状の問題点などを適切に整理することである。具体的には、関係する係ごとの基本的な考え方や複合施設計画への具体的な意見、さらには各係のあげた問題を解決するための手だてなどである。Ａ係長は、これをとりまとめるため、各係長の協力を最大限得るようにする。

　第二に、管理職を動かすことである。Ｂ課長に積極的に動く様子が見られないのであれば、Ａ係長は部長に話して、Ｂ課長に命じてもらうことも考える。さらに、課長レベルでは問題解決が難しい場合には、部長に問題提起することも考えてみたい。

　管理職が動き出したら、Ａ係長は事務レベルでその動きを支える活動を行う。交渉に当たって必要な資料を揃えたり、自分ができる範囲で相手の課の最新の動向をつかみ管理職に伝えることなどが求められる。

　第三に、全庁的な取り組み体制を作ることである。部長レベルの交渉で問題が解決すればよいが、これだけ大きな課題であると容易には進まないと思われる。

　これは本来、管理職が判断して動くことであるが、Ａ係長から提案とし

てあげることは可能である。課長と相談のうえ、部長を通して、副市長や市長に話してもらい、全庁的な推進体制を構築することを検討してもらう。可能であれば、副市長をトップに、関係する各部長が構成メンバーとなる「建設推進委員会」のような組織を立ち上げるぐらいのことを考えたい。これだけ関係する課が多く、課題が多い場合には、市をあげて取り組む体制を作らないと、残念ながら関係する各課は本気で問題に取り組まないであろう。

　A係長は、提案に当たっては、独断専行とならないよう、課長をはじめ、周囲のアドバイスを受けながら丁寧に進めるようにする。

職場マネジメントのポイント

❖「理解」と「納得」を得る

　他係はもとより、関係者や住民など、仕事を進めるうえで円滑な調整を進めることが必要なことは多い。その場合に注意したいのは、相手から得たいのは、単なるＯＫとの返事ではなく、それが現下の問題点についての十分な理解のもとで納得されたＯＫの返事であることである。こちらが説得して、やっとＯＫが得られたとほっとしても、実際には心の中で理解が得られたものでなく、必ずしも納得されたものとは限らない。よく説明して、相手の疑問に答えて、「理解と納得を得る」ことが重要である。

❖まず共有できることを探し、それを広げていく

　相手の理解や納得がなかなか得られないと考えるとき、大切なのは、両者で合意できる「基本線」を探して、共有することである。例えば、「この事業は住民の利便性の向上のために行うものである」「この事業は環境負荷がなるべく少ないように行われるべきである」など、事柄の根っことなる基本事項について、共に合意できることを共有することである。その基本事項があれば、それをベースに議論を先に進めることができ、いずれは具体的対応策の検討にもつなげることができるからである。

131

事例	4	若手の係長が古参の係長に無視されて

　Ａ係長は、年齢は若いが総務や財政に関係する仕事が長く、市の若手の係長のなかではその業績は高く評価されている。今春の人事異動では、異例の若さで建設部管理課の庶務担当係長に抜擢された。この係は、部全体のまとめ役であり、部の予算や人事を所管している。

　Ａ係長も張り切って仕事に取り組んでいるが、着任後しばらくして、部内各課の古参係長が、何かにつけて自分を無視していることに気がついた。

　部の新規事業については、本来は部の予算担当であるＡ係長に説明してから、管理課長や部長に相談すべきであるのに、各課の課長や係長は、管理課長や部長に直接説明している。また、人事案件についても、先に管理課長の耳に入り、そのあとに課長から内容の説明を受けることもしばしばある。その結果、Ａ係長から係員への情報提供も遅れることになり、係員からは「係長は、もっと積極的に動いて部内の各課の情報を取ってくれないと困る」との声も寄せられている。

　そこで、Ａ係長は、各課の主要係長を集めて会議を開き、これからは、予算や人事に関連する案件、新規事業などについては、管理課長や部長に説明する前に、必ず自分に説明してほしいと依頼した。

　ところが、各係長からは、「説明を何度もするのは大変なので、管理課長や部長に説明するほうが効率的だ」「実際に情報がほしいのは、実務を担当している係員だと思うので、むしろ、係員同士での情報連絡を優先させるべきだ」「この部は、技術職の職員も多いので、技術職である部長に情報を伝えることが優先されるのは仕方ないと思う」といった意見が出て、Ａ係長の要望は、素直に受け入れてもらえる雰囲気にはほど遠い状況であった。

　ある日、Ａ係長に予算課長から直接電話が入り、「あなたの部が所管しているＫ公園の整備に関わる新規事業の内容を聞いたが、問題点が多すぎる。あなたは予算についてはベテランなのだから、内容を十分にチェックしてほしい」と言われてしまった。指摘された新規事業については、Ａ係長を素通りして部長に説明されてしまった案件で

あり、Ａ係長も後で内容を聞いていろいろと問題点があると思ったが、自分の考えを伝える機会がなかった。

　Ａ係長は、この事態を受けて、やはり仕事の進め方を変更する必要があるとあらためて思い、どうすればよいか考えている。

分析 ✎ 反発やねたみもあって

　この事態の背景には、何があるのだろうか。1つには、Ａ係長が若いのに大抜擢されて花形ポストに就いたことに対して、古参の各課の係長の反発があるかもしれない。組織の人事は、年功序列に進めるのが安定するという考え方もあるが、それだけでは組織は活性化しない。能力のある若手の抜擢や、苦労に報いる人事が加味されることにより、新たな刺激を与え、職員のやる気も生まれる。また、抜擢された人は、周囲の反発やねたみに悩まされることもあるが、それらを乗り越えることが、抜擢に報いることになる。

　また、部内に技術職の職員が多いなど、技術職が主流の職場であるとすると、事務職の管理職や係長は、積極的に事業の進行に関わらないと仕事の流れに乗りそこなう可能性が高い。自分の持っている力を示して、その存在を相手に認めさせることも必要となる。

問題点 ❓ 組織のルールを踏まえることが大切

　この事例の問題点としては、以下の点が指摘できる。

　第一に、抜擢された若手の係長をとかく敬遠する古参係長の態度である。古参係長の立場に立てば、Ａ係長に反発するのもわからないではないが、それでは組織のルールを無視することになる。予算、人事、新規事業などについて、まず部の庶務担当の係長に相談することは、事業を適切に整理するうえで当然のことである。技術職であれば、技術職の部長に先に説明するのが当たり前という考え方があるとしたら、早急に払拭する必要があ

る。

　第二に、こうした事態を許している部の管理職に問題がある。管理課長や部長は、A係長に話を通していない案件であることを知りながら、何も言わずに説明を受けているとしたら、こうした管理職も組織のルールを明らかに無視していることになる。こうした事態を許すと、部全体の規律にもマイナスの影響を与えかねないので、その点にも十分に注意する必要がある。

　第三に、A係長は、もっと積極的に事業に関わり、自分をアピールする必要がある。各課の主要係長からいろいろと反論されたからと、黙って引き下がったのでは問題は解決しないし、かえって悪化しかねない。課長や部長に、今のままでは問題が多いことを率直に訴えることも必要だし、事業の説明に同席した場合には、積極的に問題点を指摘して、必要に応じて問題を事務レベルに差し戻させるなどする。自分の存在価値を強くアピールして印象づける努力を惜しまないことが大切である。

解決策　反発やねたみを跳ね返してこそ

　この事態を解決するには、A係長はどうすればよいのだろうか。

　第一に、予算、人事、新規事業などについては、まず、部の庶務担当係長である自分に相談してほしいことを、各課の係長に引き続き訴える。一度、提案してみて反論されたからと言って、自説を引っ込めてしまうのでは、相手の主張を認めたことになってしまう。相手を根負けさせるぐらいの覚悟を持って、あらゆる機会を利用して、こちらの主張を訴え続けることが大切である。

　第二に、課長、部長にも組織としてのルールの厳守を強く訴える。各課から案件の説明を受ける際に、事務レベルでA係長に話を通しているかどうかを確認するとともに、もし、話していなければその案件は突き返してほしいと、部長や課長に依頼するぐらいのことは是非必要である。

　第三に、自らの存在感を周囲にアピールすることである。後回しであっても説明を受けた際には問題点を的確に洗い出し、必要があると思ったら

課長や部長に強く訴えて、あらためて関係する課に検討させ直す。また、部長や課長の説明に同席した際には、問題だと思う事項については、その場で明確に指摘する。こうしたことを積み重ねれば、A係長に話を通すことが事業を効率的に進めるために重要であるということが、各課の課長や主要係長にも理解され、部全体の共通認識として定着させることができるようになる。

　最後に、A係長自らも、部の業務内容全般について勉強することが必要である。現在のポストに着任して間もないとか、技術職が主流の部のなかの事務職であるとかは、言い訳にならない。自らも努力を重ねて様々な場面で、力量を示していかなければならない。

職場マネジメントのポイント

※仕事を通して対峙する

　係長であれ、主任、主事であれ、古くからいる職員の力が強く、係長としてのリーダーシップが発揮しにくいと感じることがある。また、実際、その職員は能力が高く、仕事のやり方も上手く、他の職員からも信頼されていることも多い。このようなとき、係長はどのように対応すべきか。

　そうした場合、係長は、1つひとつのことで張り合ったりすることに腐心せず、「業務全体の中で、それぞれがそれぞれの役割を果たす」との立場に立つことが重要である。係長は、そうした環境の中で、業務全体の目標・計画と具体的なスケジュールを構築しながら、自らの役割を全力で果たしていくのである。その過程で、必要なときはその職員と相談し、調整し、共に求められる仕事を進めていく。そうすることにより、係長は、おのずから係長としてのリーダーシップが発揮されていくのである。

事例	5	1つの係の仕事が増えるばかりで

　Ａ係長の課には５係あるが、それぞれの係の人員はほぼ同数であり、かつては仕事の量もほぼ横並びで大差がない状況であった。また、５人の係長のなかでは、Ａ係長が最も若く、仕事への取り組み姿勢は他の係長たちよりも積極的である。

　環境関係の業務を所管しているこの課の仕事は、近年大きな注目を集めるようになり、ここ数年で新規事業が着実に増えている。増え続ける事業をどの係で行うかについては、仕事の内容から判断して、特定の係が担当することが明らかな場合は問題なく決まるが、どの係が担当しても特に問題がない場合には、簡単に決まらないことが多い。

　こうした場合は、係長会で検討することになっている。新規事業の引き受け先を決める係長会では、Ａ係長以外の各係長は、それぞれの係の係員からの反発を恐れているのか、どうしても逃げ腰になってしまうことが多い。

　今日も、ある新規事業の引き受け先について検討したが、Ｂ係長は、「私の係の係員は年齢も高く、病欠者もいるので、新たな事業を担当する余裕はない」と発言し、Ｃ係長は、「私は担当してもよいと思っているが、係員の同意を得る自信はとてもない」との発言であった。さらに、Ｄ係長は、「新規事業といっても、今すぐ取りかかる必要があるのか疑問だ。その必要性から議論すべきだ」と言い、Ｅ係長は「この課だけ仕事が増えるのはおかしい。部内の他の課にも、応分の負担をお願いすべきだ」と主張した。仕事の内容から見て、この課で担当するのが当然だと思っていたＡ係長は、「皆さんの意見はわかったので、私の係で担当してもよいが、係員と相談したい」と発言したので、自然の流れで担当はＡ係長の係と決まった。

　こうした事例が度重なることにより、この課では、Ａ係長の係の仕事量は増え、係間のバランスが損なわれる状況になってしまった。これまでは増加した仕事も工夫して着実に行ってきた係員たちからも、さすがに不満の声が聞こえるようになったので、Ａ係長は課長に、各係の仕事を再配分するか、人員の再配置をお願いしてみた。

しかし、課長からは、「そういうことであれば、あなたが問題を提起して5人の係長で話し合ってみてほしい」との発言があり、これまでの経緯から見て、係長会で話しても簡単にまとまるとは思えないのでA係長は困ってしまっている。

分析　だれも皆、良い顔をしたがるので

　今の時代、役所では職員数が厳しく管理され、どこの係でも新規事業を受け入れる余裕は限られている。しかし、近年の社会情況の変化の中で地方自治体に期待する住民の声は高まり、住民のニーズはより複雑になり多様化している。

　そうした状況を背景に、新規事業も増える傾向にあり、新たな仕事の受け入れをめぐっては、係間で意見が相違することが多い。特に、係をあずかる係長は、仕事の現状や係員のことを考えると、新たな仕事を引き受けることには消極的にならざるを得ない側面もある。

　課長が業務の受け入れ先を決めてしまう方法もあるが、多くの課長は自分で決めた後の課内の反発を恐れて、そこまでの決断は容易にできず、まずは、係長たちの議論に委ねることが多くなろう。そこで係長会議が開かれるが、ここでも多くの係長は消極的にならざるを得ず、より積極的な姿勢の係長のところに仕事が集中するようになる。

　誰もが皆、部下には良い顔をしたがるので、やむを得ない面もあるが、いつまでも、このような状況が維持できるわけがなく、いつの日か不満が高まり、課内が混乱することが予想される。

問題点　常に仕事量のバランスは考慮して

　この事例の問題点としては、以下の点が指摘できる。

　第一に、係長は新しい仕事を引き受ける場合には、あらゆる角度からその適否について検討しなければならない。A係長の積極性は評価できるが、

実際に業務を担当するのは係員であるので、係員の現在の状況や、新たな仕事による具体的な負担の程度についても幅広く検討する必要がある。

第二に、A以外の係長たちが、新しい仕事を引き受けることのマイナス面ばかりを気にかけていることである。業務量の負担増がマイナスに受けとられることはわかりやすいが、新しい仕事が導入されることにより、これまでの仕事の見直しにつながることもある。前向きな発想で、新たな課題を捉えることも必要となる。

第三に、課長は課内の各係の仕事量のバランスがとれているかについて、常に配慮する必要がある。課長がリーダーシップを発揮することなく、特定の係へ仕事の分担を傾斜させると、結果的に、各係の仕事量のバランスは崩れてしまい、課内に大きな不満をもたらすことになる。また、問題の解決を係長たちの議論に丸投げしてしまうと、特定の係に負担が集中することになりかねないことにも十分に注意する。

解決策 皆で知恵を出し合って

この事態を解決するためには、どうすればよいのだろうか。

第一に、A係長は新たな仕事について、その内容、既存事業との関連性、緊急性など多角的な視点で検討を行う。仕事によっては、その内容を分割して、いくつかの係で協働して行うことが可能かもしれない。あるいは、仕事を実施する時期を上手く調整することにより、負担を特定の係に集中しないようにすることも検討してみる。仕事全体を1つの係がすべて行うといった発想ではなく、柔軟に考える必要がある。

第二に、係長だけの議論にとどめずに、各係長は、問題を積極的に職員にも共有して検討することである。係長だけで議論すると、どうしても仕事の押しつけ合いになってしまい、前向きな議論にはつながらない。ここは、思い切って、課全体での議論に委ねてみるのも有意義であろう。実務を担当している職員からは、自らの仕事と結びつけて新たな発想が生まれてくる可能性もある。あるいは、係長が気づかなかった問題点や、考えてもみなかった斬新な執行方法が提案されるかもしれない。議論の輪を広げ

て、負担増だけを議論している閉塞状況から抜け出すことを考えたい。

　第三に、A係長は課長にリーダーシップの発揮を求める必要がある。係長に議論を委ねるということは、一見すると民主的な仕事の進め方にも見えるが、その反面、広い視野から判断すべき課長が問題から逃げているとも言える。実際、A係長の係の負担があまりに過大となってしまえば、課全体の仕事の再配分が必要となる。その議論を係長に委ねてしまうのでは、簡単に結論が出るとは考えられない。こうした問題は、課のあり方の基本的な問題であるので、課長が積極的に取り組むように、A係長からもお願いするべきである。

職場マネジメントのポイント

❖問題を前向きにとらえる

　新しい仕事を引き受ける、引き受けないとの判断に当たっては、まず、いずれもマイナスの面とプラスの面があると認識することが大切である。仕事を引き受けることは、仕事の量の面を考えればマイナスと捉えられる。しかし、新しい仕事を取り入れることにより従来の仕事を見直す契機となる、また、これまでの仕事との融合から新たな業務展開が期待できる、などのプラス面もあることにも留意すべきである。

　実際の場面では、このようなプラス面を積極的に評価し、「引き受ける」との選択肢を十分に検討したい。

❖判断は「的確な見通し」のもとに

　新しい仕事を引き受けるかどうかを含め、係長は、その判断し、またはそれを係に持ち帰るに当たっては、係における業務の進捗状況や職員の状況などを考慮した的確な見通しの下に行うべきである。新しい仕事はきっと係によい影響を及ぼすと係長が考えても、係に持ち帰ったところ職員の皆からは反対意見ばかりを受けることもある。判断に当たって、「見通し」は重要である。係長は、何かの時に係にとって最も適切な判断ができるよう、普段から係の実情を把握しておくことに心がけなければならない。

事例	6	大物係長に課内が牛耳られて

　Ａ係長の課の庶務担当係長であるＢ係長は、係長歴も長く、自他ともに認める大物係長として有名である。Ｂ係長は、地元では多年にわたり団体の世話役を務めるなど活躍している。情報通であるとともに多方面に顔が利くので重宝な存在として、管理職をはじめ周囲が重用してきた。

　現在の課長もＢ係長には一目置いているので、いまや、この課はＢ係長が実質的に管理しているような状況だと言う職員もいる。しかし、仕事のやり方はほとんど前例踏襲であり、新しいことには興味がなく、Ｂ係長の判断には疑問なこともある。

　今回、課に新規事業が割り振られ、その仕事の進め方については、Ａ係長も大いに関心があったので、課内のＣ係長と相談を重ねて１つの案を固めた。以前、同様に新規事業への提案をする際、Ｂ係長を誘ったが断わられたので、今回は声をかけなかった。

　課では、毎週月曜日に、課長も出席して係長会が開かれるので、ある日の係長会でＡ係長は検討してきた新規事業の試案を１つの提案として、ペーパーにまとめて説明した。

　Ａ係長は、この提案をもとに係長会で幅広い議論がされることを期待していたのだが、Ａ係長の説明が終わると、Ｂ係長は突然怒り出した。「誰の許しを得て試案をまとめたのか。勝手なことをするな。この仕事の進め方は、私が課長と相談して案を作ろうと思っている。意見があるのならそれからにしてほしい」と、Ｂ係長は言い出した。

　これには、Ａ係長と一緒に検討してきたＣ係長も納得できず「実質的に議論が進めばよいので、手順を問題にするのは理解できない。この試案ももとに検討を進めてほしい」と発言したが、Ｂ係長は「勝手に議論されては、まとまるものもまとまらない。第一、君たちに必要な根回しができるのか。ここは、課長の意見を聞いてみよう」と課長に発言を求めた。

　課長からは「議論することは大変結構だが、まずは、私とＢ係長で素案をまとめてみる。今日の提案も参考にする」との発言があり、こ

140

の議論はそこで終わった。

　A係長は、D係長から「あなたたちの提案は素晴らしかった。でも、この課では、B係長に逆らうのは難しいと思う。課長は素案と言ったが、課長とB係長で決めてしまえば、それで終わりだよ」と言われた。

　A係長は、このままでは、この課ではまともな議論もできないと思い、何とか事態の打開を図りたいと、次の手を真剣に考えようと期しているが、まだ妙案は思い浮かばない。

分析　大物とは言われているけれど

　大物係長と言われる係長は結構いて、本当に仕事ができて、職員への気配りを心がける係長も多いが、一方では、そうでない係長も少なくないのではないか。周囲が持ち上げるので、その気になっている面もあり、また、仕事を進めるうえでも何かと便利なので上手く利用されていることも多い。

　大物と言われる要因は、情報通とか顔が利くといった面からであることが多く、仕事の実績も十分に備えているといった例は意外と少ないかもしれない。

　こうした係長は、前例踏襲で仕事を進めている限りにおいては、重宝かもしれないが、何か新しいことにチャレンジしようとする場合には、乗り越えるべき壁となる場合も少なくない。

　また、こうした係長が仕切っている課の運営では、議論を嫌がる傾向もあり、他の係長をはじめ快く思っていない職員は少なくないと思うが、具体的に行動するとなると二の足を踏んでしまうことになる。

問題点　黙っていては、いつまでも

　この事例の問題点としては、以下の点が指摘できる。

　第一に、課の運営をすべて仕切ろうとするB係長の存在である。これからの自治体は、多様化する住民のニーズに応えて新しい分野の仕事に挑戦

したり、従来にはない斬新な経営戦略も必要となる。そこで必要となるのは、経営感覚や柔軟で幅広い思考であり、古いタイプのB係長は、新たな事業展開には障害になることがある。

　第二に、古いタイプのB係長の存在を許している課の組織風土である。自由な議論が展開されることを嫌い、すべてを自分が仕切ろうとするB係長のやり方に対して、A係長をはじめ改革しようとする動きが見られる。しかし、その動きは大きくはならず、B係長に押さえ込まれてしまっている。こうした組織風土を改革するためには、何が足りないのか。問題意識を持つA係長が先頭に立って、真剣に考えてみる必要がある。

　第三に、A係長をはじめ、問題意識を持つ職員の議論が他の職員に届かず、係長の間でとどまっていることである。実際に仕事を手がける職員の考え方や行動を表に出し、皆で方向性を検討し、皆で職場をつくっていく考え方が必要である。

解決策　行動と実績を積み重ねて

　この事態を解決するためには、どうすればよいのだろうか。

　第一に、B係長の判断に疑問があり、納得できない場合には、A係長をはじめ各係長は黙ってB係長に従うのではなく、具体的な行動を起こす必要がある。嫌な顔をされても、構わずにB係長に疑問をぶつけて、議論してみるのも1つの方法である。様々な場面で、あちこちの係長から議論を持ちかけられれば、さすがのB係長も、自らのこれまでの行動パターンを見直さざるを得ないであろう。

　第二に、課に「議論する組織風土」を根づかせることである。手始めに、毎週開かれている係長会を利用してみることから考えたい。すべて、自分と課長で決めてしまおうとするB係長のやり方に納得していない係長はC係長以外にもいるはずだ。A係長は、他の係長にも積極的に働きかけて問題意識を共有し、各係長が次々と自らの意見を提案し、議論を求めることにより、係長会を実質的な議論ができる場に変えていく。

　議論を進めていくうえで大切なことは、B係長のやり方に感情的に反発

するのではなく、現実的で実効性のある対案を用意することである。

　また、このような議論を積み重ねれば、課長もより積極的な姿勢をとっていくことが期待できる。係長会にとどまらず、係内の打ち合わせにもこの方法を広めていき、議論することを組織に根づかせる。

　第三に、職員を味方にすることである。係長会でどのような議論がされているのか、A係長をはじめ問題意識を持つ係長は積極的に職員に伝えることである。そこでは、B係長のことを批判するのではなく、事実をありのままに伝えることが重要である。

　職員は、日ごろから課長や係長の行動パターンを注意深く見ている。B係長のこれまでのやり方を、快く思っていない職員もいるであろう。A係長をはじめ係長たちは、職員と日ごろから十分なコミュニケーションをとり、B係長と直接議論する場合や係長会で議論する場合に、自分の意見は係の総意であることを伝えられるようにしたい。

職場マネジメントのポイント

❖先取りして解決策をうまく決める

　事例では、庶務担当係長から、「誰の許しを得て試案をまとめたのか」との反発を受けてしまった。しかし、適切な方策を効率的に決定していくためには、関心ある職員が先取りして案を作成することはよいことである。ただ、その場合、「案の作成から提案に至る手順」は、慎重にしたい。せっかくよい内容を作成しても、その手順で非難を受け、方策の提案という本来の目的が実現できないならばもったいないからである。

　案などの作成に当たっては、あらかじめ関係する職員としっかりと相談することが基本である。そして、理由があってそれができない場合は、課長などに状況を含めて相談する、また、同じ考えで理解が得られるような職員や要となる職員には、あらかじめ相談をしておくなどの対応が必要である。この場合、課長とは、少し細かくなっても、提案までの手順を詳細に打ち合わせをさせてもらうようにしたい。

事例	7	係長と主査が対立して

　A係長の係は、高齢者福祉施策のうち在宅ケアの企画・運営などを担当している。市でも住民の高齢化が急速に進み、ここ数年、係の仕事量は増える一方である。係員は残業するのが当たり前という状況となってしまい、業務執行体制の見直しが急務となった。

　そこで、5人の職員で業務を行ってきた係に、新年度から新たに係長相当職であるB主査が設置されるとともに、係員も1人増員され、B主査のもとには2人が新たに配属されることになった。

　2名の増員となったので、係員の負担はかなり軽減され、A係長もホッとしていたのだが、3か月を経過したころから、係内の業務が円滑に進まなくなってきた。

　その原因の1つは、A係長とB主査の意見の対立が目立ってきたことにある。職員の時から福祉関係の業務に就いてきて、この分野の経験が豊富なB主査は、仕事の進め方についても自分の意見を持っており、これまでのA係長の仕事の進め方に異論があった。

　初めのうちは様子を見てきたB主査も、最近では、A係長の仕事の進め方に我慢ならなくなり、時には激しく議論するようになった。また、仕事の進め方で議論するだけならよかったのだが、最近になって2人は感情的にも反発するようになり、仕事以外での会話はほとんど見られなくなってしまった。

　もう1つの原因は、A係長とB主査の間で明確にしたはずの業務分担が、実際に仕事を進めると、重なりあう部分が出てきてしまったことである。職員の間でも特定の仕事がどちらの所管であるのかよくわからないとの意見もあり、そうした仕事は同じ係内であっても1つひとつ調整をして進めざるを得ず、主査が増えたことでかえって手間が増えたとの不満も出てきた。

　一方、7名の職員の間でのコミュニケーションは円滑に進められており、一見仕事を進めるうえでの大きな支障は見られない。しかし、B主査のもとに配属された2名の職員は、係内の最終決裁者であるA係長にやはり遠慮があるようであり、係長と主査が反発するなかで仕

事を進めるのが難しいと同僚に話しているようである。

　課長もこうした事態に心配になったようで、A係長を呼んで「最近、B主査と上手くいっていないようだ。まずは、ライン係長であるあなたの才覚で円滑に仕事を進めてほしい」と要請した。

分析　同じ係長だから、かえって

　最近では、組織の拡大よりは簡素化が重視され、主査、担当主査といった名称の係長相当職が設置される例が増えている。こうした職員が、ライン係長のもとに配属されると、1つの係に2人の係長相当職がいることになり、係の運営が難しくなることがある。

　1つは、人間関係の面であり、2人の間のコミュニケーションがギクシャクしてしまうことがある。最初は仕事でぶつかっても、それが感情的な対立にまで発展してしまうと、何より業務に悪い影響が及び、迷惑するのはやはり係員である。

　また、仕事の面での線引きが不明確なことで、調整が必要となり面倒が増えることもある。厳密に区分けしたつもりでも、仕事を進めるうちに、重複する部分や、どちらが担当するか不明確な部分が出てきてしまう。ある程度はやむを得ないことだが、上手く調整できないと、これも新たな対立の原因となってしまう。

問題点　双方が自制しないと

　この事例の問題点としては、以下の点が指摘できる。

　第一に、係長相当職としての2人の対応である。仕事で厳しく議論するのは歓迎すべきことであるが、感情的に対立し、日常会話も乏しくなるまでに至るのは好ましくない。まして、同じ係に所属しているので、係員のことを十分に考慮すれば、そもそも反発しあうことなど想定できない。双方が自制して円滑な係運営に協力する必要があることは、言うまでもない。

145

第二に、係長と主査の所管事務の重複である。その結果として新たな調整が必要となったのでは、係の業務量削減のために主査を設置した意義が半減してしまう。業務内容については常に変化するので、精査して重複を回避するようにする必要がある。

第三に、業務分担の重なりについて、実際に仕事を進めながら認識されることとなっており、遅いことである。こうした事態は、課全体の運営にも影響するので、事前の取り決めや、早め早めの対応が必要である。

解決策 主査との関係で業務執行に影響を及ぼさないように

この事態を解決するには、どうすればよいのだろうか。

第一に、A係長は、課長からの要請を期に、係長としての職責を再認識することである。係長としての職責を自覚し、正常な係運営を取り戻すために、B主査と話をする必要がある。一見、仕事を進めるうえでは大きな支障は見られないとされているが、係員からは、「2人の感情的な反発のなかで仕事を進めるのが難しい」との声もある。A係長は、円滑に係の業務を進めていくことが自身の職責だとあらためて認識する。このことについては、率直にB主査にも話し、互いの連携協力による係運営の正常化について、真摯に働きかける。なお、感情的にもつれて、どうしてもB主査が対応しないようであれば、課長に協力を求めることも考慮する。

第二に、調整の手間を生じさせている業務分担の混乱を避けるため、両者は、業務分担が不明確になりそうな状況に気づいたときは、お互いに仕事の進め方について相談しながら、所管を明確にしていくことである。決定に当たっては、ラインで決定権を持つA係長が決めることも1つの方法であるが、現状のB主査との関係においては、独断で決めることはさらに対立を招く可能性もある。仕事については話ができる状況にあるので、2人で相談の上、分担を明確にしていくよう、A係長は最大限の努力をする。

第三に、A係長は、業務分担の重なりができるだけ後で生じないよう、業務の分担に当たっては、詳細な事務のレベルまで分析し、係全体として最も効果的に事業が執行できるよう、事前に分担の考え方やルールを明確

にする。決定に当たっては、係員にも丁寧な情報提供とわかりやすい説明に心がけ、係員同士で互いに協力することを確認する。また、係内の問題発見を早期に行い、問題を大きくしない仕組みを作るため、A係長は、自分の目だけでは見えないことや見落としてしまうことがあることを認識し、係員との日ごろのコミュニケーションを通して、係員が問題だと感じていることを察知できるようしておくことも大切である。

職場マネジメントのポイント

❖意思決定ルールをあらかじめ明確に決めておく

係において、係長のほかに主査、担当係長などの名称で、同じ係長級の職員が置かれることは少なくない。この場合、意思決定のルールがはっきりしていないと、決定までのプロセスにおいて時間や手間がかかり、時には、手続きで紛糾して肝心の案件がスムーズに決定できないような事態が生じる。係における意思決定は、組織規程のほかで必要なことは、課長と十分に相談のうえ、あらためてルールを決めて運用していくことである。

例えば、係にA係長とB主査がいた場合、案件や状況によって異なるであろうが、まず、決定権をA係長とした場合は、B主査はスタッフとしてA係長を支援する立場であることを徹底する。この場合は、B主査は、「決定」の権限としては、あえて「関与しない」とするとわかりやすくなる。次に、A係長の決定権の一部をB主査に付与した場合、A係長は係長の立場として、「決定」に関与せざるを得ないが、案件の種類や緊急性などによっては、「B主査は課長と直接相談して実質的に事業を決定する」こととし、「A係長は最終段階でその内容を確認、チェックする」という限定的な立場で決定に参画する方法も考えられる。

いずれにしても、組織の意思決定は、以上のように適切なルールを課長を交えて決め、効率的に進めていきたい。

事例	8	課にプロジェクトチームをつくってみたが

　A係長の課に、今年度新たに新規事業が割り振られたが、この事業は課内の全ての係に関係しているので、どうやって分担して仕事を進めていくのかが難しい。A係長も、課内の各係長に打診してみたが、自分の係ですべて受け持つのは無理だとの答えであり、どのように進めるのが最もよいか考えることにした。

　そんなある日、課長から呼ばれて、「今回の新規事業は、特定の係ですべて行うのは難しいので、各係からメンバーを選んでプロジェクトチームをつくってみてはどうか。そのリーダーは、庶務担当係長であるあなたにお願いしたい。各係長の意見も聞いて検討してほしい」と言われた。

　A係長はすぐに係長会を開いて、課長の提案内容を伝えたところ、各係長とも賛成で、至急メンバーを各係から1名選んでプロジェクトチームをつくり、新規事業に取り組むことになった。

　プロジェクトチームを立ち上げて事業はスタートしたのだが、1か月が経過したころ、どうも上手く進んでいないとの声が課内から多く聞こえてきた。そこで、A係長は、各係長を集めてプロジェクトチームの現状について話し合ってみることにした。

　B係長からは「プロジェクトチームが何をしているのか、よくわからない。各係の仕事に関連しているので情報提供をしてほしい」との発言があった。

　また、C係長からは、「各係の仕事の合間にやっているので、メンバーがプロジェクトチームの仕事に集中できないのではないか」との意見であり、D係長からは、「プロジェクトチームがどこまで責任を持つのかがよくわからない。各係の仕事に密接に関連するので、プロジェクトチームは課題の整理だけ行い、実際の仕事は各係で行ったほうが効率的だ」との提言があった。

　プロジェクトチームのリーダーであるA係長は、問題点を整理し、見直し案をまとめたいと考えている。

分析 🖊 **プロジェクトチームの運営には難しい面が多い**

　各係にまたがる問題を処理するために、プロジェクトチームをつくる例は数多くある。確かに、1つの係に任せられない共通課題の処理には、プロジェクトチームは有効な手段の1つと言えるし、取り組み方によっては大きな効果をもたらす。

　しかし、プロジェクトチームの運営には大変難しい面があり、実際には上手くいっていない例も多い。その原因の1つには、プロジェクトチームの運営についての経験が乏しいこともあるが、最大の難点はプロジェクトチームの運営と各係の業務との調整をどう図るかである。

　また、プロジェクトチームに選ばれたメンバーも、自分の係の仕事との兼ね合いに悩むことが多い。各係がプロジェクトチームに仕事を任せてしまうと、メンバーはどちらに軸足を置くべき常に問いかけられることになる。

　いずれにしても、プロジェクトチームのあり方は多様であり、それぞれの場合に即して最も効果的な方法をとらなければならない。また、1つの方法に執着することなく、状況に応じて柔軟に見直しを進めることも大切である。

問題点 ❓ **プロジェクトチームの目的について常に問いかける**

　この事例の問題点としては、以下の点が指摘できる。

　第一に、プロジェクトチームの目的についての共通理解ができでいないことである。「実際の仕事は各係で行ったほうが効率的だ」という発言に見られるように、そもそもプロジェクトチームが具体的に何を目的にしているかについての考え方に大きなバラツキがあるようだ。

　第二に、「プロジェクトチームが何をしているのか、よくわからない」という発言に見られるように、プロジェクトチームが取り組んでいる内容が、各係に十分に明らかにされていないことである。選ばれているメンバーがプロジェクトチームの活動内容を各係に伝えるとともに、定例的に開催

されている係長会でも、プロジェクトチームのリーダーであるＡ係長など
から報告することが重要である。

　第三に、「メンバーがプロジェクトチームの仕事に集中できないのでは
ないか」との発言に見られるように、選ばれたメンバーがプロジェクトチー
ムの活動を行うことを、各係が支援する体制が十分ではない点にある。こ
れでは、メンバーがプロジェクトチームの活動に十分に取り組むことが難
しく、プロジェクトチームの成果についても大きな期待はできない。

解決策　実態に即した対応策を

　この事態を解決するためには、どうすればよいのだろうか。

　第一に、Ａ係長はプロジェクトチームの目的や課の中での位置づけ、意
思決定のルールなどについて、係長会であらためて確認し、共通理解を得
ることである。プロジェクトチームの目的についての理解がバラバラであ
ると、極端な場合には、各係で関連する仕事を進めたほうがよいとの考え
方も生まれ、プロジェクトチームを設けた意義も見失われてしまう。実際
の業務の進行状況を把握するなかで、プロジェクトチームを設けた目的に
ついても再確認する姿勢を持ち続けることが必要である。

　第二に、プロジェクトチームの活動内容を常に明らかにすることである。
各係とも、自分の係の仕事が繁忙になれば、プロジェクトチームの仕事に
ついての関心が薄れがちになってしまう。プロジェクトチームのメンバー
には、係に戻った時にはプロジェクトチームの活動内容を係内に対して丁
寧に報告させることが必要である。

　さらに、係長会においても、常にプロジェクトチームの活動内容の報告
を受けるとともに、現状の問題点と課題について議論を重ねることが重要
である。Ａ係長は、プロジェクトチームの状況が課内で共有できるように
取り計らうことが必要である。

　第三に、プロジェクトチームのメンバーに任せきりにせずに、各係で支
援することである。プロジェクトチームは、設置されてしまうと、それで
目的が達成されたと思い、各係からの支援が得られないということも多い。

各係の業務に密接に関連していることから設置したプロジェクトチーム
が、あたかも独立したかのような運営がされると、各メンバーの孤立感は
強まるとともにプロジェクトチームの仕事に集中できないことになる。
　各係長は、プロジェクトチームの動向に常に関心を持ち、自分の係の業
務との連携に細心の注意を向けるとともに、プロジェクトチームの活動を
的確にフォローすることが必要である。

職場マネジメントのポイント

※プロジェクトチームは「設置してよし」ではない

　特定の業務を組織をあげて行う場合、プロジェクトチームや検討委員会
などを設置することは少なくない。この場合に注意すべきは、新たな組織
を設置することは有意義であるが、それ自体が目的でなく、重要なのは、
その組織を効率的・効果的に運営していくことである。すなわち、係とし
ては、当該組織の存在と役割を認め、その運営に協力していくような体制
が必要である。また、プロジェクトチーム参加のために職員がその業務を
兼ねる場合、係長は、情報面や係運営への参画などでその職員を支えるこ
とも必要である。

　係長は、係の職員全員がこのような意識を持つよう留意しなければなら
ない。組織を設置しただけでその後のフォローが十分でない事例は様々な
場面で見られる。その場合は、設置した組織がかえって非効率を招いてし
まうことすらあることを銘記すべきである。

| 事例 | 9 | 特定の係が仕事の足を引っ張って |

　A係長の課では、毎月課長と各係長が出席して課の主要事業について進行管理会議を開催している。この会議では、各係長から事業の進捗状況の報告を受けて、事業執行上の課題について議論するのだが、今年度はB係長の係の仕事の遅れが問題とされている。

　課の仕事内容は各係で相互に密接に関連しているので、1つの係の業務に問題が生じると、他の係の業務にも影響を与えてしまう。そうしたなか、B係長の係を除く各係は、ここまで年間計画に沿って順調に仕事を進めているので、B係長の係の仕事の遅れが一層目立つことになってしまう。

　今月の進行管理会議でも、B係長の係だけ年間計画を下回っている状況は変わらなかった。その原因についてB係長からは、「今年の4月に異動してきた新人が複数いるので、なかなか業務に習熟できない面がある。また、先月、1人の職員が急に病気休暇をとったこともあり、どうしても係の体制が十分に整わない。ベテランの係員は頑張っているので、何とか追いつきたいのだが、なかなか厳しい状況にある。可能であれば、人的な応援を是非もらいたい」との話があった。

　課長からは「各係とも頑張っているなか、B係長の係では、急な病気休暇の職員も出た。各係ともフル回転していることは承知しているが、何とかB係長の係を応援してもらえないか」との話があった。

　そこで直後に開かれた係長会で、庶務担当のA係長は「課長からの要請もあったので、B係長の係への応援について議論したい」と問題提起した。

　各係長からは「応援したいが、うちも精一杯で余裕はない」「新人も徐々に力をつけてくると思うので、もうしばらく様子を見たらどうか」「何か臨時的な任用を得るなどの対応ができないか人事担当にかけあってみる方法もある」といった発言が続き、B係長の係への具体的な応援策までは議論が進まなかった。

　A係長は、各係長の意見をそのまま課長に報告したが、課長からは「各係長の言うことはもっともだが、やはり、B係長の係への応援を

考えたい。もう一度、係長会で議論してみてほしい。よい結果を期待している」と言われた。

　A係長は、次回の係長会で、あらためて議論しようと思っているが、その前に各係長と相談して具体的な支援策の試案をまとめたいと考えている。

分析 ✎ 各係の実情はわかるが

　事業進行管理の会議はどこの役所でも開かれていると思う。順調に事業が進捗しているセクションは胸を張って出席するが、事業が遅れているセクションは重たい気持ちで出席することになる。

　この事例では、特に１つの係のみが、計画が未達成であるので、さらに厳しい議論になってしまう。こうした状況では、その係だけが責められる結果になるのは仕方ないが、議論が人的支援に限られてしまったのはやや残念である。

　その原因は、B係長が遅れの原因をヒトの問題に限定してしまったことにある。ヒトの問題は大きいが、事業の執行方法など幅広い視点からの問題はなかったのか、検討を進めてほしかった。

問題点 ❓ １つの係だけの問題ではない

　この事例の問題点としては、以下の点が指摘できる。

　第一に、B係長の係の執行体制の不備が問題になっていることである。先月の職員の急病による病気休暇は予期していなかったので、仕方ない面もあるが、新人が複数いることを事業の遅れの原因としていることは、素直には受け取れない。異動は役所では通常のことであり予期できることなので、そのことだけを問題とするのは妥当とは言えず、新人の研修がどう進められているのかといったことにも注目する必要がある。

　第二に、B係長の係への支援についての各係長の発言が、消極的なこと

である。発言内容を見ると、自分の係のことのみしか考えておらず、また、臨時的な任用に安易に言及するなど、Ｂ係長の係への支援について真剣に検討しているとは思えない。この問題を契機として、自分の係の執行体制を見直すことにより余力が生み出せないかといった、前向きな検討が進められてないていないことは問題である。

第三に、課全体として執行体制の見直しなどの議論がされていないことである。各係長の発言内容から見ても、各係長は自分の係の立場からだけで考えられていることが読み取れる。課長も出席して進行管理会議が開かれているのであれば、事業の進め方、各係の連携など幅広い視点で議論する必要がある。こうした視点に立って、Ｂ係長の係への支援について議論すれば、人的側面だけでない支援策を検討することが可能となる。

解決策 🖐 課題は幅広くとらえて

この事態を解決するには、どうすればよいのだろうか。

第一に、Ｂ係長は、自分の係の業務の遅れの原因について、人的な側面だけを問題とするのではなく、幅広い角度から検討する必要がある。複数の新人がいる問題は、当初の数か月なら理由になるが、それ以降はむしろＢ係長の新人職員の育成方法のあり方が問われることとなる。

またＢ係長は、ヒトの問題だけでなく、係の業務の執行に非効率な点はないかなど、事業の執行のあり方についても真剣に見直す必要がある。そうした自らの積極的な努力をしないで、他の係に人的支援を求めても説得力はない。

第二に、各係長はＢ係長の係への支援について、幅広い視点で議論する必要がある。各係長とも自分のことで精一杯という事情もあるだろうが、どうすればＢ係長の係の支援に取り組めるかについて、真剣に考えているとは思えない。今回の問題を契機として、他係への支援の可能性を検討することにより、自らの係の仕事のあり方も同時に見直すといった積極的な姿勢がほしい。

第三に、課の主要事業についての進行管理会議を充実させていく必要が

ある。進行管理会議で特定の係に問題があることが明らかになった場合、その係の運営のみを問題としても課題は解決しない。課全体で議論しているのであれば、各係の事業の連携のあり方を検討するなかで解決の糸口を探すなど幅広い視点での検討がほしい。

最後に、課題解決に向けて課長はもっとリーダーシップを発揮する必要がある。係長の議論に委ねるのも1つの方法ではあるが、特定の係の仕事の遅れが課全体の事業の運営に影響を与えているのであれば、課長はもっと積極的に自分の考えを示す必要がある。

職場マネジメントのポイント

※他係への支援方法はいろいろある

やむを得ない事情によって他係の業務が遅れがちになることは少なくない。こうした場合、係ではその係への「支援策」を考えることになるが、自分の係の事情も厳しく、抜本的な支援策は難しい面がある。しかし、こうした場合でも、支援策はいろいろあるので、考えてみたい。

例えば、係としても、一時的な作業の手伝いなら可能な場合もあるので、困った状況を抱える係には、他係に求めたい「ショートサポート」を率直に表明してもらうことが考えられる。これは計画的に取り組むこともできるし、日々の業務についてならば、毎朝・毎夕の朝礼・終礼などがあれば、その場で依頼してもらうことも考えられる。また、困難を抱える係と関係する業務については、「引き渡す仕事は余裕をもって早めに回す」、「仕事を正確に仕上げて回す」などは効果が得られるであろう。また、困難を抱える係がせねばならない他課・他部などとの調整についても、代わって調整をして、相手から事実上の承諾を得ておくなどもできる。

「人員が回せない」「こちらも忙しい」などを理由に何もしないのでなく、知恵を絞って協力していくことが必要である。こうした取り組みは、係の中の職員同士でも応用できるものであり、実践していきたい。

| 事例 | 10 | 新旧係長のやり方が異なって |

　Ａ係長は、現在の課に着任して２か月となる。前職は総務課で法規審査の担当をしていた。もともと、大学のときに司法試験を目指して猛勉強を重ねたこともあり、法律には強いとの評判であった。

　ところが、今回の異動では、畑違いの現業系の職場の係長に就き、初めは戸惑いもあったが、事業の内容を理解するにしたがい落ち着いて仕事に取り組めるようになった。少し、余裕も出てきたので、最近になって、現在の仕事についての業務規定や業務執行要綱などを読みはじめたのだが、現在の仕事のやり方が、規定とはかなり離れたところがあり、大きなミスが生じかねないことに気がついた。

　Ａ係長は、Ｂ主任にそのことを話し、「規定や要綱を守ることは大切なので、あなたから係のみなさんによく話しておいてほしい」と依頼したが、係の仕事のやり方は少しも変わらなかった。そこで、Ａ係長は、規定や要綱に決められたやり方と、現在のやり方のどこが違っているのかを、わかりやすく一覧表にまとめて係員に直接話してみることにした。

　ある日の係の打ち合わせで、予定されていた議題のあと、Ａ係長は「皆さんにちょっと話したいことがある」と言って、一覧表を出席者に配り、丁寧に説明した。

　説明が終わると、係員たちは次々と手を挙げて発言した。「規定や要綱には書かれていても、私たちには長年積み上げてきたやり方がある。それで、どんな不都合があるのか。前のＣ係長は何も言わなかったし、誰も困っていない」「隣の係長に異動したＣ係長は、仕事は実態に即して進めることが大切なので、やりやすい方法で進めてほしいと言っていた」「規定や要綱があることは知っているが、前任者のやってきたやり方で、何のトラブルも発生していない。杓子定規で進めるのはだめだとＣ係長は言っていた。Ｃ係長にも聞いてみてほしい」と、反発を受けてしまった。

　Ａ係長も、あまりの反発の強さに「皆さんの考え方は、わかりました。私も考えてみます」と言うのが精一杯であり、暗い雰囲気のまま

その日の会議は終わった。

翌日、A係長は係の若手の係員数名から話があると打ち合わせコーナーに呼ばれた。「昨日はありがとうございました。よい勉強になりました。ベテランの方は、仕事を変える気はありませんが、私たちは、よいことなら変えていきたいと思っています」との彼らの話を聞き、A係長は、一筋の光明を見た思いであった。

分析 ✍ 係長が変われば、職場も変わるのだが

係長が交代するときに、係員が新しく着任する係長について事前に情報を集めることはよくある。この事例の場合も、新任の係長は、法律に強いとのことだから、何かうるさいことを言ってくるだろうと身構えていたのかもしれない。

そこで、A係長が規定や要綱どおり仕事を進めることを求めたので、反発を受けてしまった。しかし、係長が変われば、仕事のやり方に変化が生じるのは、当然のことであり、それが異動のよいところでもある。

前例踏襲で進めても何の不都合もないと言っているが、こうした場合は、むしろ不都合に気がついていないことが多い。前任者の話を持ち出すのもあまり説得力はなく、係員たちも従来のやり方の正しさを確信しているわけではないだろう。

一歩一歩、成果を確かめつつ改革を進めていくことが大切である。

問題点 ? 急ぐことは禁物

この事例の問題点としては、以下の点が指摘できる。

第一に、前任のC係長の仕事の進め方である。仕事が何のトラブルも生じることなく進んでいても、「仕事は実態に即して進めることが大切」だとしても、「杓子定規で進めるのはだめ」だとして規定や要綱を軽視するのはいかがであろうか。係員たちは、C係長の話を持ち出して自分たちを

正当化する根拠にしている。

　第二に、A係長の問題提起の方法である。B主任に少し話した程度で、変化が見られないからといって、いきなり係の打ち合わせで一覧表を配布しても、すんなりと受け入れられないのは目に見えている。仕事の改革を進めるにはある程度時間がかかるし、手順を踏むことも必要となる。急ぎすぎは、怪我のもとであることに気をつけて慎重に進める必要がある。

　第三に、A係長が課内の係員の状況を、十分に把握していないことである。係の打ち合わせといった公式な場でなくても、係員の考え方を聞く機会はあるだろう。会議で問題提起をする前に、1人ひとりの係員の考え方を、それとなく聞いておくことも必要だった。今のやり方が、必ずしもよいとは思っていない若手の職員の存在を事前に知っていれば、A係長は別の方法をとることもできたと思われる。

解決策　粘り強く訴える

　この事態を解決するには、どうすればよいのだろうか。

　第一に、A係長は、現状の業務執行の何が問題点であるのかを具体的に説明する必要がある。一覧表を提示してひととおり説明しても、係員は具体的な問題点を十分に認識できなかった。「現実にトラブルは起きていない」との係員の発言は、何が問題であるかを理解していないことから生まれている。今のやり方ではトラブルが発生しかねないのである。

　会議でまとめて話すより、1つひとつの具体的なケースに即して、現状のやり方ではこうした問題がある、と具体的に説明をしていくほうが係員には分かりやすい。そして、「この件については、規定や要綱ではこう書いてある」などと業務と規定等との関連を明確に説明し、規定や要綱によらなければ大きなミスが生じかねないことを理解させる。

　第二に、一方で、A係長は規定や要綱を絶対視しない態度を示すことである。業務の進め方も、周囲の状況の変化によって変わることもある。規定や要綱とかけ離れた仕事の進め方に気づいた場合には、なぜ、そのようなやり方で仕事を進めているのか、係員から話を十分に聞いてみる必要が

ある。前任のＣ係長から、在任していた時の係の様子とあわせて、Ｃ係長の業務運営の考え方を聞いてみることも有効であろう。

　様々な論点から話しをし、認識を１つひとつ共有していくなかで、係員も今のやり方が絶対的なものではないことを理解するであろうし、規定や要綱が完全なものではないことが明らかになることもある。規定や要綱を絶対に正しいとすることは前提とせずに、真に必要なときは柔軟に対応していくことは、係長として大切である。

　第三に、「改革の芽」を大切にすることである。若手係員のなかには、現在の仕事の進め方に疑問を持っている職員もいる。そうした声を大切にして、自分の考え方を丁寧に説明するなど、職員の問題意識を拾いあげ、業務改善につなげていく努力を重ねていきたい。

　なお、改革派は若手、守旧派はベテランという「新旧対立」の構図にはしないことに注意する。こういう構図は、問題解決を複雑にする要因ともなる。

職場マネジメントの　ポイント

❖「問題は何か」について考え、対策を打つ

　事例では、「現在の仕事のやり方が規定や要綱と異なってる」ことが顕在化している。しかし、実は、このことより本質的な「問題」がある。それは、「規定や要綱と異なった仕事のやり方により、大きなミスが生じかねない」ということである。「規定や要綱と異なっている」が問題とすると、「仕事のやり方を規定や要綱に合わせればよい」との解決策につながる。しかし一方で、「大きなミスが生じかねない」が問題とすると、「ミスが生じない仕事のやり方を実現する」との解決策につながる。このように、「問題」のとらえ方によって、そこから生み出される「解決策」は異なってくるのであり、真に問題を解決に導くためには、「問題」を的確にとらえることが極めて重要である。「問題」は顕在化している事象でなく、生じている、あるいは生じうる「不都合」という面からとらえるのが重要である。

第2部

事例編

4　業務運営

| 事 | 1 | **環境ポスター展を例年同様に実施したが** |
| 例 | | |

　T係のA係長は、4月に着任して7か月がたつ。T係は、環境対策の市民への啓発事業を毎年行っているが、6月から9月に実施したポスターコンクールは、例年とほぼ同じ内容であった。

　A係長は当初、せっかくのコンクールなので、できるだけ多くの応募があるようにと考えていたが、実際には、昨年よりわずかに増加した程度にとどまった。

　今、振り返れば、募集案内を5月中旬に決定し、6月からPRしたあとは、準備を淡々と進めてきた。6月の募集期間中、市民の反応などから、応募の数が例年とあまり変わらない様子がわかったので、A係長は、何か手を打つべきかと考えたが、時間も限られていたので、特別の対応はしなかった。

　ポスターコンクールで入選した作品は、10月に市民ホールで展示し、初日には、表彰式及び関連イベントを実施した。受付、会場整理、進行管理など、表彰式でのT係職員の役割をほぼ例年のとおりで分担したが、市民からは、受付のところで来場者が並んだために通路がふさがれてしまい、通りにくかった、などの意見が聞こえてきた。この苦情は、昨年の表彰式でもあったようである。A係長は、受付付近の混雑を見て、会場整理の職員Bに、受付の応援に行くように指示したが、受付の混雑解消には至らず、かえってBが担当していた場所の混雑が増してしまうなど、別の混乱も招いてしまったようである。

　A係長は、来年はもう少しうまくやろうと思っているが、T係の職員の多くは、異動で他の部署に転出してしまう模様であり、それが気がかりである。

分析 ✍ **業務の流れをPDCAでとらえる**

　ひとまとまりの業務を実施するに当たっては、計画（Plan）、実行（Do）、評価（Check）、改善（Act）というマネジメントサイクルを意識する必要がある。すなわち、⑴業務の実施に入る前に目標を設定し、目標実現のた

めの計画を作成する、(2)実施体制を整えて業務を実行する、(3)業務の各段階において実施状況を分析し、計画との対比や分析を行う、(4)対比・分析に基づいて必要な措置・改善を行う。

しかしこの事例においては、次のような状況である。(1)前例踏襲であり、あらためて目標を設定したり、計画を作成することはなかった、(2)実施体制も前例踏襲であった、(3)応募状況については情報が得られたが、積極的な分析・対応はなかった、(4)今年度の状況を来年度に反映させるという考えは組み込まれていない。

問題点 ❓ 業務の計画、実行、改善などの点で不十分

この事例におけるA係長の問題点は、次のとおりである。

第一に、A係長は、今年度のポスターコンクールの一連の業務について、十分な計画を作成しなかった。

コンクールにはできるだけ多くの応募があるようにと考えたのはいいが、これを具体化するための計画がなかった。その結果、応募者は前年度と比べてわずかな増加にとどまってしまった。「前年度と同じように」という前例踏襲では、事業の充実は望めない。

また来年度も、同様の状況が繰り返されないか、危惧される。

第二に、A係長は、事業の進捗過程における状況変化に対して、適切な対応ができなかった。

すなわち、6月の募集期間中、市民の反応などから、応募の数が例年とあまり変わらない様子がわかったにもかかわらず、特別の対応をしなかった。

第三に、A係長は、事業の実施段階において、適切な実施体制の組織化ができなかった。

表彰式及び関連イベントにおける職員の役割分担を決めたのはいいが、前例に倣ったものであり、問題の発生に対応できなかった。すなわち、受付の人数が少なく、混乱の原因となった。また、受付のところで来場者が並んだために市民が通りにくかった際にも、適切な対応ができなかった。

163

解決策　前例にとらわれずに、適切な事前準備と的確な現場対応を

A係長のなすべきことは、次のとおりである。

第一に、A係長は、ポスターコンクールという一連の業務について、十分な計画を作成すべきであった。

すなわち、まず、今年度のポスターコンクールをどのようなものにするかを検討し、目標像を設定する。地球環境の保全、身近な環境問題への行動など、市が最も訴えたい問題をテーマとして設定することが必要である。そのうえで、その目標を最も効果的に実現するための関連イベントの内容やスケジュールなどを決めていくのである。

本事例のように、「コンクールにできるだけ多くの応募がある」との目標を設定したなら、これを具体化するための計画を作成する。例えば、広報内容や広報手段の充実、よりわかりやすく簡易な応募方法などを工夫していく。安易に前例踏襲に陥らないように注意することが肝心である。

また、来年度事業についても、今年度と同じ問題を繰り返さないように、今年度事業の分析と改善の方向づけを係全体で行うことが重要である。

第二に、A係長は、事業の過程において、状況変化が生じたときは、適切な対応をとることが必要である。

作成した計画と現実の乖離が目立つようになった場合などは、計画の修正や追加的な措置も含めて、適切な対応をとらなければならない。

事例にあるように、募集期間中に応募の数が例年とあまり変わらないという思わしくない状況であるとわかったなら、追加的な広報（ホームページなど）を打つとか、多くの住民や住民の代表が出席する会議を活用してPRしていくなど、とりうる手段を講じるべきである。

事例の場合は、時間的な制約もあったという。計画と現実の乖離が生じたときは、できるだけ短い時間での検討と迅速な対応が必要であるが、同時に、状況把握をできるだけ早い段階でできるよう、情報収集の手段を整えておくことも極めて重要である。

第三に、A係長は、事業の実施段階について、体制をしっかりと固め、取り組んでいくことが必要である。

事業の実施で重要なのは、事前に準備する体制づくりと当日の対応、とりわけ、非常時の適切な対応である。この事例にある表彰式及び関連イベントについて言えば、事前準備の基本は、適切な役割分担である。当日の現場の状況を想定し、それに見合った人数の割り当てと役割付与を行う。

また、非常時の対応としては、対応マニュアルの作成と徹底が重要である。また、より実践的には、マニュアルを作成する際に、係内で様々な事態を想定し、対応方法を議論するなどして、組織としての対応能力を高めておくことが必要である。

さらに、マニュアルで想定していなかった事態の発生を含め、実際に非常時対応が必要なときには、現場リーダーとしての係長の具体的な行動が極めて重要であることは、言うまでもない。

業務の体制づくりと非常時における対応マニュアルは、前例を参考にすることは必要であるが、それをそのまま適用することは適当でない。

職場マネジメントのポイント

◈前例は踏襲するものではなく、活かすもの

前例は大事であり、事業を進めるうえでの宝の山である。うまくいったか、いかなかったか、その要因は何か、どのような問題があったか、それにどう対応したかなどが、次の事業に役立つからである。しかし、往々にして、前例は、こうした分析がなされずに、次に踏襲される。

単なる前例踏襲では、業務の改善も職員の資質向上も全く期待できない。前例は、よく分析し、活かすことが大事である。こうした観点から、今やっている事業については、次に活かされる有効な前例となるよう、問題点などを分析しながら真摯に取り組んでいくことが大切である。また、次年度さらなる改善をするため、今年度の実施状況などについてしっかりと記録し、また評価しておくことも重要である。

| 事例 | 2 | 残業の多い職場、あらためて係をみると |

　K係は、地域活性化を目指し3年前にできた係である。A係長を含め、6人で構成されている。業務内容は、その時々に効果的と判断される、いわゆる「目玉となる」業務が目につくが、他の係から引き継いだ定型的な業務もある。A係長は、4月に異動でこの係にきた。当初は戸惑ったが、半年ばかりが過ぎ、仕事の内容も把握でき、やりがいをもって取り組んでいる。

　こうしたなか、A係長は、先日、課長から「K係は、庁内でも残業が多い。仕事のやり方の工夫などで、もっと残業を減らすことができないか。まずは、係長の考えを教えてほしい」と言われた。確かに、職員は、退庁時間を過ぎてもほとんど席について仕事をしており、時には、長時間の残業をすることもある。庁内でも「残業の多い係」として知られ、異動の希望先としても敬遠されがちになっている。

　A係長があらためて係を見ると、次のようなことに気づいた。まず、仕事柄、職員は出張が多い。ある日、出張中の職員Bに電話連絡があった際、電話を受けた職員Cが、「Bさんはいないけれど、出張中？何時ころに帰ってくる予定？」などと係内で聞くが、わかる者はいなかった。Bが庁舎に戻って連絡メモを見たところ、相手の要望は、次の会議の予定日をその日のうちに知りたいとのことであった。予定日は隣のL係に問い合わせればわかるが、L係は皆帰ってしまっていたので、Bはいろいろ調べる必要が生じ、残業で対応した。

　K係では、今年度も、市内の地域紹介リーフレットを作成する予定である。しかし、先日は、記事の量に比べて紙面が足りなくなっていることがわかり、構成を組み直した。担当職員Dは、前任者から引き継ぎは受けたが、前任者による口頭による説明を十分に理解していなかった。また、A係長は、この仕事をDに任せており、Dが目算を誤ったまま仕事を進めたことに気づかなかった。

　このような出来事には、どのような問題があるのか。このなかから浮かび上がってくる問題の改善を考えていくことが、ひいては残業を減らしていくことになるのではないかと、A係長は考えはじめた。

分析 📝 「新しい係なので残業が多いのはやむを得ない」ですまさず、係の実情から解決策を探る

A係長は、この職場の実情をどう見るべきであろうか。

K係は、新しい係であり、所管する仕事も多くある。従って、「K係に残業が多いのはやむを得ない」と、誰でもが思うであろう。しかし、ここで結論づけてはだめである。このような職場においては、往々にして、係内のコミュニケーションのあり方や、効率的な職務推進などの基本的な点において不十分な場合がある。忙しさを理由に、何もせずに放置してしまうことが多いからである。係の実情をあらためてよく見る必要がある。

問題点 ❓ 係内の情報共有と仕事の進め方に問題

この事例におけるK係の問題点は、次のとおりである。

第一は、係内において、職員の行動予定など、組織運営上の情報が共有されておらず非効率な時間が発生したことである。

出張中のBへの電話連絡に際しては、電話を受けたCが、Bは出張中であるかどうか、帰庁の予定はいつであるか、係内の皆に聞いたとある。係職員の行動予定が共有されていなかったため、電話のつど係内で聞くことになり、それでも結局はわからないということになった。Cをはじめ、職員は非効率な時間を使うことになったのである。

また、Bは庁舎に戻って連絡メモを見たとある。「その日のうちに」という案件であるので、電話を受けたCはすぐにBに連絡するとか、Cでできることをやってしまうこともできたはずである。また、勤務時間中にBが出張先から職場に連絡をしていれば、簡単に処理できた可能性もある。このように、K係においては、出張先と職場との連絡体制ができていない。また、職員同士、お互いの仕事に無関心であり、相互の応援体制がない。

第二は、リーフレットの作成という業務について、なすべき仕事が十分に引き継がれず、Dは仕事を熟知できておらず、仕事に手戻りが生じたことである。

Dへの前任者からの引き継ぎは、口頭による説明だったとある。口頭に

よる場合であっても、Dが十分に理解していれば問題はないとも言えるが、結果的には、Dの理解は不十分であった。基本的に、引継ぎは文書により適切に行われるべきものであり、担当業務は、その文書で明らかにされなければならないが、それができていなかった。

第三は、仕事の進行管理ができていないことである。

リーフレットの作成に当たって、係長は仕事の管理をせずに、Dに任せてしまった。紙面の割り振りという基本的なところで誤りが生じ、それを長い期間にわたってチェックできなかったことが問題である。このような不備のため、リーフレットの構成の組み直しという、本来は行わずにすますことのできる余分な仕事にかからなければならなくなった。

解決策　係内の情報共有と業務の熟知、進行管理を適切に行う

A係長のとるべき解決策は、次のとおりである。

第一に、A係長は、係内において、組織運営上必要な情報を共有するなど、係の体制を整えることである。

まずは、係内の情報共有が必要であり、職員の会議、出張、来客などの行動予定は誰でもがわかるよう、係内のホワイトボードや庁内情報ネットワークを活用する必要がある。また、各職員は、互いに連携し、協力していくことが大切である。他の職員への問い合わせなどについては、自分が担当者に代わって処理するとか、早めに担当者に連絡するなどが必要である。そのためには、係職員は、日ごろ、係業務全体の内容や進捗状況について理解しておく必要がある。係長は、このため、係会などを最大限に活用していくことが重要である。また、出張した職員は、勤務時間中に出張先から職場に連絡を入れるなどの基本ルールを徹底することも大切である。

第二に、A係長は、職員全員が仕事に熟知するよう、係を指導していくことである。

仕事の引き継ぎは文書によることが通常であり、その点を徹底する必要がある。また、引継ぎ資料だけでは業務の進め方などが不明確な場合は、業務のマニュアルを作成するなどの対応も必要であり、係長はこのような

取組の先頭に立つことが求められる。また、このようにして作成されたマニュアルなどの成果は、積極的に係内で共有していくことが重要である。

　第三は、A係長は、係のすべての業務について、進行管理を適切に行い、係業務を効率的に推進していくことである。

　仕事の進行管理には、⑴効率的で現実的な計画を作ること、⑵業務を実施するために必要な体制を作ること、⑶途中段階で何かあった際などの変化に適切に対応することなどが重要である。本事例の場合は、⑴リーフレットの基本構成やスケジュールをしっかりと決めること、⑵担当はD、係長はそれを支援するなどの体制を明確にし、Dは適宜係長に仕事の進捗を報告することなどをとり決めておくこと、⑶Dと係長は報告の機会などをとらえ、問題を早めに共有し、適切に対応していくこと、などにより解決する。残業を減らすためにも、仕事の手戻りなどは決して起こらないようにする。

職場マネジメントのポイント

※仕事を通して自分を磨く

　残業が常態化し、ときに仕事の手戻りまであれば、誰でも「消耗するばかりなので異動したい」と考えてしまうが、その問題が改善されるなら、課題に挑戦する職場は、職員にとって自己を成長させる格好のチャンスである。課題に正面から取り組み、それを１つひとつ解決していく経験は貴重である。組織にとって、構成員の成長は不可欠であり、管理監督者は、自らがその組織の成長の先頭に立つ気概が必要である。

　事例のように、職場の残業体質を改善することは、係長自身の成長につながり、そして、生まれ変わった職場では、仕事が効率的に行われ、構成員である係職員も成長するのである。

事例 3　事業説明会で職員が困った発言をして

　Aは、R市の商工振興を担当するS係の係長である。着任して3か月あまりのある日、S係は地元の商店会への事業説明会を開催した。S係から出席したのは、A係長と係に3年目の職員B、若手職員Cの3人で、商店会からの約70人の参加者に対して、新年度事業について前年度との変更点を中心に説明し、理解を得ようというものであった。

　今回は3年に1度の事業の大幅な変更があり、しかも、Aは、S係の係長になって間もないので、Bが作成してくれた想定問答などを読んで出席した。

　S係からの説明自体は、用意して配布した資料などによって無事に終わった。しかし、質疑の段になって、大変なことになってしまった。それは、参加者Mさんからの質問にA係長が答えたあと、いきなりBが立ち上がって、「ただいまの係長の説明は間違っています」と言って別の説明を始めてしまった。Bの説明は、A係長には自分との違いがよくわからなかったが、質問者は納得した様子だったので、A係長は、特段の発言などをせずに、会議の進行を優先した。しかし、少しあとの参加者Nさんからの質問に対しても同じで、NさんへのA係長の答えが終わったあと、Bは、「係長よりも、私のほうから答えたほうがよいと思います。ご質問については、私の経験から見ますと、次のように考えたほうがよいと考えます」などと発言したのである。

　参加者は、説明会のはじめのうちは、こちらの説明を聞いてくれていたが、この2つの件があってからは、「いったいどっちが正しいのか、はっきりしてくれ」とか、「R市はどうなっているんだ、職員はしっかりしろ」などの声が上り、会場は騒がしくなってしまった。

　その場は、A係長とBが交互に精一杯の説明を行い、何とか参加者への理解は得られたが、A係長は、これからもこういうことが起こっては困る、こうなってしまったのはなぜか、と考えてしまった。

分析 ✎ 説明会の円滑な運営のために

　住民への説明会は、市の業務に関する情報を住民に提供する場として、非常に大事である。誤った情報を提供すれば、後の事業執行に大きな支障を生じさせるだけでなく、住民と市の間の信頼関係を大きく損ねることになる。また、誤りを訂正して正しい理解を得ることには、多大な労力が必要となる。いったん頭に入ったことを訂正することは難しいからである。

　事例のような事態は往々にして起こりやすい。係長は、緊張感を持って説明会の準備をするとともに、当日の対応の適切を期さなければならない。

問題点 ❓ 会議の準備が不足している

　この事例におけるA係長の問題点は、次のとおりである。

　第一に、A係長は、説明会に係る事業内容の理解について、準備不足であった。

　着任して3か月あまりと、このポストに長く在籍していないなかで、A係長は、Bが作成した想定問答などを読んで出席したという。他人が作ったものをただ読むだけでは、大事な説明会の準備として不十分である。3年に1度の大幅な変更もあった状況なので、想定問答の作成には、A係長もしっかりと関与しなければならなかった。

　また、参加者Mさんからの質問に対して、A係長は、Bの説明と自分の説明との違いがよくわからなかったという。A係長は、説明会に係る事業内容が自分のものになるまで理解できていなかったのは明白である。

　第二に、A係長は、説明会の進行について、十分な準備を怠った。

　参加者MさんとNさんのいずれの場合も、Bは、A係長の説明の後に、A係長の同意を得ずに立ち上がって発言した。1人の職員の発言内容を他の職員が訂正したり補足したりする場合は、どのようにするか、打ち合わせがなかったのであろう。

　また、Nさんの質問の場合は、そもそも、事例の経験があるBから答えたほうがよかったのかもしれない。

第三に、Ａ係長は、説明会での即時の対応が適切でなかった。

参加者Ｍさんとの質疑では、Ｂは、Ａ係長からの同意も得ずに立ち上がり、発言した。Ａ係長は、Ｂに対しては、Ｂが勝手に立ち上がって発言したことを明確に注意すべきであった。説明会において、その後、さらに同じような問題が生じないように、手を打つ必要があった。

また、商店会の参加者に対しては、Ａ係長は、Ｍさんとの質疑内容についてあいまいさを残したまま会議を進行してしまった。Ｍさんとの質疑において、Ｂの説明に質問者は納得した様子だったとあるが、会場の皆はどうであったか、不明である。参加者に「もやもや」があるなかで、Ｎさんとの質疑でもＭさんと同様な問題が生じたので、参加者の市職員への不信感を大きくさせた。

解決策　丁寧な準備を怠らない

Ａ係長のとるべき解決策は、次のとおりである。

第一に、Ａ係長は、説明会に係る事業内容について、よりしっかりと準備すべきである。

説明会では、市からの説明と質疑応答が行われる。したがってＡ係長は、まずは、説明に係る事業内容そのものについて、今回、大幅な変更があった経緯や内容を含め、十分に理解する必要がある。

また、質疑への対応としては、想定問答の作成は非常に重要である。想定問答は、特定の職員に任せずに、係長は、質問事項の選定や回答の趣旨など、作成当初の段階から関与すべきである。また、具体的な応答内容については、少なくとも重要な事項については、係のなかで十分に議論し、発言者によって説明が異なるようなことがないよう、共有する考え方としてまとめていくべきである。

第二に、Ａ係長は、説明会において不要な混乱を生じないよう、進行方法などについて、適切に準備しておくべきである。

まずは、説明会全体の進行者、挨拶者、説明者、質疑の進行者、質問への回答者などの基本的な段取りを決めておく。質疑においては、「どのよ

うな質問には誰が答える」といったような、質問事項によって答えるべき職員をあらかじめ決めておくことが、円滑な説明会の進行のうえで大事である。答えるべき職員は、通常は、その職務を担当する者であり、その職員が説明会に出席しない場合は、係長、事業の総括者、当該事業の副担当などとなろう。

　また、1人の職員の発言内容を他の職員が訂正したり補足したりする場合のルールについても、当然ながら係長の同意を得たうえで行うなど、運営上の注意事項として確認しておくようにする。

　第三に、A係長は、実際の説明会での即時の対応をより適切に行うようにしなければならない。

　説明会のなかで問題となる事態が起こったら、その事態を適切に収拾するとともに、問題の拡大を防ぐ必要がある。この事例の場合は、A係長の説明とBの説明はどちらが正しいのかその場で出席者に明確にして混乱を避けること、及び、Bが係長の同意なしで発言したことを注意したうえ、「次はこうすべき」と明確に指示して再発を防ぐなどが必要である。係長は、危機管理の意識を持って、対応能力を備えなければならない。

職場マネジメントのポイント

◈外に向かっての意思表示には緊張感が必要

　住民説明会など、業務が一定の進捗を得たときに住民に対して事業内容などを説明していくことは、極めて重要である。すなわち、それは、それまでの仕事が係課といった行政の内部で行われていた段階から行政の外に出ていく段階に移行するからである。

　したがって、そうした場面では、住民に理解を得るべき事項を「誤りなく、わかりやすく」説明すること、質疑などを通して不明な点が残らないようにしていくことが重要である。住民説明会などに向けては、係は、職員をあげて、最大限の緊張感を持って、準備し、本番に当たっていく心構えが不可欠である。

173

事例	4	窓口でのクレームに上手く対応できたと思ったが

　H係は、住民への証明事務などを担当している係であり、Aは、4月の定期異動でH係の係長として就任した。ある日、窓口から、住民の大きな声が聞こえてきた。「なぜすぐにやってもらえないのか」「すぐに手続きをやってもらいたい」などと言って、声を張り上げている。

　A係長は、係員のBが、窓口に来たその住民を怒らせてしまったようだと思い、席が窓口に近い職員Cを呼んで状況を聞いてみた。すると、係員Bの説明不足が原因であるとのことである。住民からの「〇〇の証明書をとるのは今日できるのか」、との問いに対して、Bは、「必要な書類があれば今日できる」と答えた。しかし、実際は、後日、証明書の発行に必要な書類を自宅に送るので、住民はそれをもって再度来庁し、そこで証明書を受け取るという手順が必要であった。今日の手続きは、必要な書類を自宅に送るための手続きであることが応対を進めるなかで明らかとなり、住民の怒りに火が着いたのだった。

　A係長は、Cの話を聞いて窓口に行き、Bが応対している住民の方に対し、「〇〇の証明事務の意義や手続きのポイント」について説明するとともに、「今後とも、係としては証明事務に関する事務改善を不断の努力で行っていく」と説明して理解を求めた。A係長は、その場は、係長の自分が窓口に出向いたので住民の方には納得してもらった、と思っていた。

　しかし翌日の朝、A係長は課長に呼ばれ、話を聞いてびっくりした。「おたくの係長は何のためにいるのか」という抗議の電話が、その晩、課長の自宅に入ったというのである。課長には、「いったい何があったのか。きちんと説明してください」と言われた。

　A係長は、このトラブルは係員のBのミスが原因であり、自分が住民の方に説明したにもかかわらず、なぜ住民の方からの抗議の電話を受けることになってしまったのだろうかと、憂鬱になってしまった。

分析 一般論では片づかない窓口の問題

　A係長は、住民の方に対し、「〇〇の証明事務の意義や手続きのポイント」について説明するとともに、「今後とも、証明事務に関する事務改善を不断の努力で行っていく」と説明したというが、こんな一般論を窓口の住民が聞きたいとは考えられない。

　現実に起こった問題を的確に把握し、適切なその場の対応をすること。これがまず、この係長に欠けている。また、窓口トラブルのあとの事後対応も欠けている。

　A係長は、この事例に見られる問題点を丁寧に拾い、それぞれに対して適切に対応し、あわせて、自分の仕事の進め方等について改善を図っていく必要がある。

問題点 現場対応における問題と、事後対応がない問題

　この事例における問題点は、次のとおりである。

　第一に、A係長は、窓口における住民への対応が適切でなかった。

　A係長は、Cから話を聞いて、状況把握をして問題の現場たる窓口に行ったのはいいが、この事例に即した適切な対応ができなかった。住民の不満は、Bの説明が誤っていたこと、及び、〇〇の証明事務の手続きを今日で完結してもらいたいことであった。〇〇の証明事務の意義や手続きのポイント、今後の証明事務に関する事務改善など、A係長がした説明は、住民の関心からずれていたのである。住民の方は、あきれて帰ってしまったのではないだろうか。住民が納得できたとは考えられない。

　第二に、A係長は、窓口での対応後、課長への報告などの事後対応がなかった。

　A係長自身は上手く説明できたと思っても、住民にしてみれば納得がいっていなかった。その晩のうちに、課長の自宅に抗議の電話が入ったというが、無理もない。翌日になって、課長に「きちんと説明を」と言われる前に、課長への報告が必要であった。

第三に、A係長は、係長としての自覚と対応が不十分であった。
　窓口でのトラブルを見て、A係長は、係員のBがちょっとしたことで住民を怒らせてしまったようだと思ったようだが、住民とのトラブルにおいて、このような楽観的な予断を持つことは適切でない。また、A係長の自身による窓口対応についても、きちんと説明したので納得してもらった、と思ったようであるが、これも客観的な視点を欠いた楽観である。A係長は、危機意識が足りないと言われてもやむを得ない。
　また、A係長は、Bのミスが起きないようなBへの日ごろの指導が不十分であったと言わざるを得ない。

 その場の対応と事後対応

　A係長のとるべき解決策は、次のとおりである。
　第一に、A係長は、窓口で起こったトラブルに対し、状況に即した適切な対応をとらなければならない。
　事例のような通り一遍な対応ではだめである。周りの職員からできるだけ情報を得るとともに、現場の窓口では、住民の話をよく聞いて、住民の不満や訴えている内容を十分に理解するとことが必要である。この事例の場合、住民の不満が、Bの説明の誤りと証明事務を今日で完結してもらいたいことであったとすれば、A係長は、まず、手続きの流れと、手続きがそのようになっている理由をあらためて説明し、理解を得ることが必要である。そのうえで、今回の住民の要望に応えられない場合は、その理由について、理解を得るのである。Bの説明のなかの不適切については、その点について申し訳ない旨、表明することも必要である。
　事務改善等については、改善が必要で可能である場合は、そのことについて検討する旨、伝えてもよい。その場合は、その後、責任を持って改善への取り組みを実行するとともに、市民に経過を説明していく責務が生じることを認識すべきである。
　第二に、A係長は、窓口での対応後、課長への報告など、適切な事後対応をすべきである。

精一杯の対応をしたと思っても、住民が納得していないことも多い。窓口のトラブルについては、対応後、直ちに課長に報告し、必要な追加の対応などがあるかどうか指示を受けるべきである。問題の状況によっては、市長や議員まで問題が及ぶ場合があるので注意が必要である。

　課長からの考えられる指示としては、住民への訪問と再度の説明、状況によっては市長や関係議員への念のための連絡などである。

　第三に、A係長は、係長としての自覚を持って、日々、職務に当たるべきである。

　トラブルがこじれれば、業務そのものの進捗に影響が生じることも少なくないし、問題が広く地域住民に及ぶこともある。行政内部でも、問題が係・課にとどまらず、部や市全体に関わってくる可能性もある。窓口などでの住民とのトラブルは、最悪の事態も想定して対応に当たるべきである。

　また、A係長には、事例のようなミスの発生原因の分析と予防策の検討・実施が求められる。係長として、Bへの日ごろの指導など、事例のようなトラブルが起きないような係の体制づくりが必要である。

職場マネジメントのポイント

❖ 「ホウレンソウ」を実践する

　「報告・連絡・相談」は、仕事の基本である。職場の業務運営がギクシャクしている時などは、この「報告・連絡・相談」が適切に行われているか、チェックしてみるとよい。住民とのトラブルという事態に対しても、次のように「ホウレンソウ」を思い出すことが大切である。

　まず、必ず求められるのは「報告」である。できるだけ早期に、上司への「報告」が必要である。また、必要な時には、上司だけでなく係職員や関係ある課係への「連絡」をすることも大切である。さらに、今後のミスの防止策を検討し、実施していくためには、係職員や上司等への「相談」が必要である。係長は、いつでも、必要な「ホウレンソウ」を実践してほしい。

| 事例 | 5 | 説明会では、係長ではだめだ、という声が |

　2年前から始めたJ市の下水道拡張事業もようやく軌道に乗り、新年度はK地区とL地区で工事が行われることとなった。
　5月のある日、K地区とL地区の合同の住民説明会を開こうと、A係長は、部長、課長及び係員2名とともに会場に出かけた。会場は、下水道が拡張されても経費が大きくかさみ、あまりメリットはないとして反対する住民を含め、約30名の出席者がいた。
　到着して係員2名が資料を配布し、資料がいきわたったことを確認し、すぐ説明会を開会した。はじめに、部長が型どおりの挨拶をした。部長が所用のために退席したのち、A係長が説明に入ろうとしたとたん、1人が立ち上がり、「係長の説明を聞きに来たんじゃない、市長から聞きたい。昨年のM地区では、出席して挨拶していると聞いている。下水道事業に関する市の考え方全体について、納得できる説明をした後で工事の説明をすべきだ。部長は挨拶だけで、課長も自分で説明しない。係長が説明するなんて、住民を軽視している」と言うのである。
　説明者は、当初、課長が自分でやると言っていたが、課長は4月に就任して間もないので、A係長の意見により、A係長がやることになっていた。市長がM地区で出席していたかどうかは、すぐにはわからない。
　説明会は、課長が説明をして何とか終えたが、本来はどうすべきであったか、A係長は、すっかり考えこんでしまった。

分析 この場は乗りきるしかないが、A係長にはいろいろな問題が

　「市長を出せ」との声であるが、市長は、ここにはいない。「昨年のM地区では出席していたようだ」というが、確認すらできない。会議開催の基本である行政側の出席者について、住民に説明できない状況である。しかし、説明会はすでに始まっており、出席者には理解を得て、何とか乗り切らなければならない。

この場は何とか乗り切ったというが、今回の経過でA係長にはどのような問題があったのか。A係長は、十分に問題点を吟味し、次に活かしていかなければならない。

問題点? 大切な説明会であるにもかかわらず、準備が著しく不足

　この事例におけるA係長の問題点は、次のとおりである。

　第一に、A係長は、市長に出席してもらうかどうかなど、行政側出席者の吟味がなかった。

　説明会においては、住民から、「M地区では出席して挨拶していると聞いている」と言われて、A係長にはその事実関係がすぐには確認できなかった。ということは、市長の出席について、A係長は、まったく検討をしなかったということである。会議、とりわけ外部の住民に出席してもらう説明会などを開催するに当たっては、行政側の出席者、とりわけ市長に出席してもらうかどうかは重要な問題である。

　第二に、A係長は、課長に何を発言してもらうかなど、説明者側の各人の役割分担の検討がなかった。

　説明会においては、住民から、「部長は挨拶だけで、課長も自分で説明しない」などと発言されてしまった。課長に代わって係長が説明すること自体は、悪いことではない。しかしこの事例では、「説明者は、当初、課長が自分でやると言っていたが、課長が就任して間もないので、A係長の意見により、A係長がやることになった」とある。課長が説明すべき内容ではなかったか、しかるべき検討が必要であった。

　第三に、A係長は、説明会会場への到着が遅すぎる。

　A係長は、部長、課長及び係員2名を連れて会場に出かけ、到着後資料を配布ののち、すぐに開会したという。担当も含めて、全員が一緒に時間ぎりぎりに会場に行くなどは、会議を適切に準備する任を担う係長としては、問題がある。この事例では、時間ぎりぎりに全員が到着したうえ、到着してから資料を配布した。何かトラブルがあった場合、直前の時間では対応しきれない。また、そもそも、直前に作業をするということは、何ら

かのトラブルを生じさせやすくしている。

解決策 準備のポイントを確実に押さえる

　A係長としてなすべきであったことは、次のとおりである。
　第一に、A係長は、市長に出席してもらうかどうかなど、行政側からの出席者について、検討と準備を徹底すべきであった。
　外に向けての会議の場合、市長が出席するかどうかは、まず検討されなければならない。市長が出席するかどうかは、一般的には、会議の性格や重要度などによって決まる。「通常の内容であるか、例外的な内容か」、「市政全体に関わることか、特定の部門のみに関わることか」、などである。
　通常は、こうした視点に基づいて、市長の出席については市長の秘書部門が整理をしている。そこで、各事業執行部門は、市長の秘書部門と相談をして決めていくことが必要である。重要なのは、係長は、自分としての問題意識を持って、市長の秘書部門に相談を持ちかけることである。A係長は、M地区など、他の地区の説明会に市長が出席していたかどうかすら、把握していない。A係長は、秘書部門から、他の地区の例も聞かせてもらいながら、今回のK・L地区についての判断をもらわなければならない。その際、A係長は、仮に、今回の地区が、前例等にかかわらず市長に出席してもらうべき事案であると考えるならば、その旨をきちんと明示し、秘書部門側と調整していく必要がある。
　第二に、A係長は、会議の重要性や会議の中身などを踏まえ、行政側の役割分担を検討し、準備すべきであった。
　住民説明会などにおいては、事業の具体的な内容や技術的な内容などは、最も詳しく理解している係長から説明することが出席者にわかりやすく、適当なことも多い。一方、そのなかでも例外的な事項やその日に説明したいポイントなどについては、課長から説明することも有効である。この事例では、内容などからすると、当初、課長が言っていたように、課長が説明すべき内容であった可能性も高い。また、そうでない場合も、課長は冒頭に、全体のポイントをまとめて話すなどの対応が必要であったかもしれ

ない。一般的に、課長が出席する場合は、課長の出番を作るべきである。

第三に、A係長は、説明会会場にもっと早く行って準備すべきであった。

仕事は、余裕を持ってしなければならない。現場の仕事には、予想できないトラブルもある。会議開催に当たって、係長や担当が会場に先乗りし、前もって準備することは、会議準備の常識と言っていい。説明者の席および住民の席の確認、資料の各座席への配布、利用する場合はマイクやスクリーンの準備やリハーサルなどである。そもそも、会場には受付を設け、出席者の確認や会場整理をするべきである。係長は、その準備の陣頭指揮に立たなければならない。

会場に部長、課長を案内する必要がある場合は、係員のうちの1名に任せるなどして、係長と担当者1名は、先に会場に入り、準備の万全を期すべきである。

職場マネジメントのポイント

❖「部長が」「課長が」と言っていてはいけない

事例において、読者のなかには、市長が出席するかどうかは部長か課長が指揮すべき事項であり、係長は部長か課長の指示を受ければいい、と思う向きもあるかと思う。しかし、部長等から指示がない場合は、係長は、そのことについて、自ら課長・部長に問題提起する必要がある。市長の秘書部門と実際に連絡するのは係長となるであろうから、そのプロセスが抜けている場合は、係長として大いに心配しなければならない。

上司を補佐することは、係長の重要な役割である。係長は、現場に近い。したがって、過去の仕事のやり方の詳細や、説明会などにおける住民の反応など、上司が持ちえない情報を持っている。係長は、こうした係が持っている情報やノウハウの蓄積などを総動員し、上司を補佐することが求められる。部の仕事、課の仕事が円滑に進むようにするための役割の多くは係長が持っており、「部長が」「課長が」などと言ってすましてはならない。

| 事例 | 6 | 市民の問い合わせに答えたのだが |

　Ａは、４月の異動でＫ市広報課の広報係長に就任した。Ｋ市の市長は、今年１月の広報紙において「市民の声に敏感な市政をつくる」と語り、その後の市議会においても同趣旨の答弁をしている。市民の声を活かした市政は、Ａ係長も非常に大切と考えており、市長の発言にはＡ係長もうれしい気持ちであり、張り切って仕事に取り組んでいる。

　Ａ係長は、かねてから、広報係に入った住民の声には、わかる範囲ですぐに答えるとともに、不明な点については、広報係が関係課などから取材して、積極的に答えていくべきとの考えであった。こうしたなか、Ａ係長は、４月の下旬、ある住民から、Ｌ地区のＬ公園について尋ねられた。「いつもＬ地区を散歩している。Ｌ公園は入り口が１つしかなく不便であるが、増やすなどの考えはないのか」とのことであった。Ａ係長は、このことについて全く知識がなかったので、住民への答えを留保し、担当のＭ課Ｎ係に問い合わせをした。それによると、Ｌ公園の利用者の動向や整備費などを勘案し、新しい入口を作る方向で検討中であるとのことであった。これを聞いて、Ａ係長は、問い合わせのあった住民に連絡をし、あくまでも検討段階である、と前置きしたうえで、担当係の話の概略を伝えた。

　しかし、Ａ係長が伝えた話は、広報係からの情報だとして、住民が関係するグループが出している印刷物に掲載されてしまった。すると、地元の有力者や議員から、「そんな話は聞いていない」「作る場所によっては、環境が悪くなる」などの声が上った。また、Ｌ公園を担当するＭ課からは、広報係のせいで今回の事案は収拾困難な事態に陥った、との発言があり、いずれ、市長も巻き込んだ混乱になりそうな気配になってきた。

分析　住民への積極的な情報提供とは

　行政から住民への情報提供は、どのようにすべきか。住民に積極的に情報を提供するというのは、どんな情報でもそのままに出すことが適当とい

うことではない。あいまいな情報や不確定な情報を提供すれば、住民のなかで混乱が生じることになる。行政内部で検討中の情報を慎重な検討もせずに外に出せば、時には、この事例のように大きな問題を招き、ひいては、当初目指していた市の施策が実現できなくなることもある。この事例では、住民に出されたのが、公園の入り口新設に関して意思決定する前の情報であったので、問題は大きくなった。

　広報を担当する係長としては、自分のポストの役割を十分に認識し、果たしていくことが求められる。A係長は、住民への情報提供という市の重要業務の進め方について、この事例から多くの教訓を学ばなければならない。

問題点❓　未成熟な情報を住民に出してしまった

　この事例におけるA係長の問題点は、次のとおりである。

　第一に、A係長は、担当の係に問い合わせはしたが、結果的にL公園の入り口新設に関する未成熟な意思決定過程情報を特定の住民に出してしまった。

　L公園の入り口についての情報は、内容が完全には詰め切れていないものである。検討の途中段階の内容であり、最終的にそのまま決まるとは限らない。詰め切れていない情報は、住民に不要な予断を与えてしまうとともに、行政からの正式のわかりやすい説明がしにくくなってしまう。

　意思決定過程の情報であっても、十分に検討のうえ、慎重な手順により住民に情報提供するならば問題がなく、むしろ、行政の透明化の面から望ましい。しかし、本事例は、「N係の説明はそのまま住民に伝えるので慎重に」などとN係に明確に断っていたならともかく、それがない状態でA係長が聞いてきた内容をそのまま出してしまったのは不適当であった。

　A係長は、住民に情報を伝える前に、「あくまでも検討段階である」、と前置きはしたが、住民にとっては、行政から提供された情報は、A係長からの「前置き」という言葉を越えるほどの重みがあった。

　第二に、A係長は、L公園について責任を持たない立場にもかかわらず、住民から問われるままに自らが、住民に情報提供してしまったことである。

L公園の入り口新設について、経過と内容を把握し、責任を持って事業を実施していくのは、公園を担当するM課N係である。この事例において、A係長は、「担当の係から内容を聞いた」とあるが、この内容がM課N係としての正式の内容であるかどうか不明である。また、A係長は、L公園の入り口新設決定のために必要な、関係部課や外部団体等との調整の状況も把握していない。

　第三に、A係長は、「市民の声に敏感な市政をつくる」という市長の方向を実現させるために広報係はどのような役割を果たすべきか、理解が十分でなかった。

　A係長は、「広報係に入った住民の声にはわかる範囲ですぐに答え、不明な点については関係課などから取材して答えていく」というのがかねてからの考えだったので、これを実践した。しかし、広報業務をあずかる広報係の係長としては、自分の考えのみで仕事をしていくのでなく、市長の考えを実現するための体制づくりに組織的に取り組むべきであった。

解決策　情報の提供には慎重対応を

　A係長のなすべきことは、次のとおりである。

　第一に、A係長は、L公園の入り口新設のような意思決定過程の情報については、より慎重に対応すべきであった。

　一般的に、広報は、すでに公表した情報や、十分に調整された新規発表をわかりやすく伝えることが基本である。新規の発表は、間違えなどがないように、その内容を十分に精査する。市がウェブサイトで発信している場合は、報道機関等への情報提供のタイミングを考慮しながら、リリースする。報道機関への対応、ウェブサイトへの掲載、関係者への個別の情報提供など、様々な調整が必要である。本事例のような意思決定過程の情報は、「あくまでも検討段階」と付け加えれば発表してよい、というものではない。懸案事項について住民から問われた場合は、担当課と十分に調整し、伝えてよい内容を吟味することが必要である。状況によっては、住民には、「検討中であり、現時点ではお答えできない」「様々な関係があるの

で、現時点ではお答えできない」、などと答えざるを得ない場面もある。

　第二に、A係長は、自らが住民に情報提供するのでなく、事業を担当するM課に任せることを考えるべきである。

　L公園の入り口新設となれば、行政内部のみならず、関係する外部の団体、住民、議員など、様々な方面との調整が必要であり、その調整を一歩ずつ適切に進めていかなければならない。したがって、本事例のような場合は、広報係が対応するのでなく、責任を持って事業を実施するM課N係から住民に説明してもらうことも必要であった。

　第三に、A係長は、「市民の声に敏感な市政をつくる」という市長の方向を実現させるための広報係の役割について、課長の指導の下に、あらためて、適切な対応をしていくべきである。

　広報係が取り組む課題としては、「住民から問い合わせがあった場合の市の対応方法」に加え、「投書やメール、市長との対話など、市が住民の声を聞くルート整備」や、「ウェブサイトやSNSなど、市から住民への情報提供ルート整備」なども重要である。広報係は、市の広報業務の要として、これら全体を視野に入れ、総合的に取り組む必要がある。

職場マネジメントのポイント

❖個別対応と全体的対応を同時に、適切に

　事例のA係長は、市が市民の声に適切に対応するためには広報係が1つひとつ答えていくべきと考え、実践した。これはいわば「個別対応」である。もう一方では、「住民からの声の聴取システム」「行政からの住民への情報発信ルート」「行政内部の検討・調整方法」など、住民と行政の関係全体についての一連の仕組みづくりがある。これはいわば、「全体的対応」である。

　この事例の場合は、「個別対応」が適当でなかったことに加え、「全体的対応」の考え方がなかった。様々な解決すべき課題に対しては、これら2つの視点が必要であることを忘れないことが必要である。

事例	7	市営テニスコートの利用料が高いなどと飲み屋での話が

　Aは、P市のベテランの係長である。ある日の夕方、出張が早めに終わったので、一休みしようと、近くの飲み屋に入った。まだ早い時間であったが、飲み屋には、近くの市営テニスコートを利用したと思われる人が4人、先客としていた。Aが1人で飲んで30〜40分くらいたったころ、4人は、テニスが楽しかったという話が一段落して、だんだんとテニスコートの利用料金の話や公務員の給与・処遇の話になってきた。

　いわく、「テニスコートは市営なんだから、もっと安くなきゃだめだ」「いや、どんどん高くして、市の財政の足しにすべきだ」「基本的には、一定の利用料を取ってもいいと思うけど、公務員がのんびりしているのに高い利用料を払うのは納得がいかない」、などである。

　A係長は、前職が社会教育施設の管理に関係していたこともあり、「高い安いといっても、テニスコートの利用料は、市民の皆さんが選挙で選んだ議員が決めた条例で決められている」「公務員がのんびりしていると言うが、私はしょっちゅう残業して頑張っている」などと思っていたところ、逆に、「そこで1人で飲んでいるあなた、どう思いますか？」と話しかけられてしまった。

　A係長は、市政について、市民の方とゆっくり話ができることは有意義と考え、自分の考えを伝えた。

　A係長と4人は、はじめのうちは相手に理解を示しながら和やかに話をしていたが、時間がたつにつれて、だんだんと話が複雑になってきた。A係長も少しずつ酒が進み、状況がよくわからなくなってきた。

分析 ✎ 話をすること自体は悪くないが、場所や時間が

　市営テニスコートの利用料や公務員の仕事ぶりなどは、市民にとって関心の高い話題であり、市政にとっても重要な問題である。したがって、こうした問題について、市民と行政がざっくばらんに意見交換をするのは、本来は、有意義なことである。しかし、それには、場所や時間を選ばなけ

ればならない。すなわち、当事者の双方が、ともに冷静かつ論理的に意見が言え、相手の言い分を理解できること、そして、互いにかみ合った意見を交換できるという環境が必要である。

こうした点から見れば、一定の進行のもとで行われる正式の意見交換会での議論や、職務に関する住民代表の方との面会の際の意見交換などはよいとして、本事例のような、飲み屋での議論には、問題があると言わざるを得ない。

問題点 ❓ 酒のうえでの話に入ってはいけない

この事例におけるＡ係長の問題点は、次のとおりである。

第一に、Ａ係長は、この飲み屋での話に加わるべきでなかった。

すなわち、この環境では、冷静に話ができない。ここは、飲み屋である。一方はスポーツ帰り、一方は仕事帰りであり、酒も入って、開放的になっている。お互いの意見を尊重するというよりも、自分の主張を通そうとし、お互いに相手を否定する傾向に陥る。

また、この環境では、議論がエスカレートしたときに互いに譲れなくなることが多く、酒も入っていることから、思わぬ悪い方向にも行きかねない。市民の４人はテニスを普段やっていて、市営テニスコートの利用料を実感している。また、一方のＡ係長は、前職で社会教育施設の管理に関係していたことから、この話題の専門家としての自負がある。議論の当事者が話題に関しての専門家であったり、議論の中身が当事者の利害に関係していたりする場合は、議論がエスカレートしがちである。

第二に、Ａ係長は、出張の帰りに飲み屋に立ち寄っているが、これは公務員としては適当でない。

まず、本事例において、Ａ係長は飲み屋に入った時間は、何時だったか。勤務時間中の時間であれば、公務員として、法令等に従う義務違反、職務専念義務違反、信用失墜行為禁止の義務違反に問われることになる。

また、店に入った時間が勤務時間外であったとしても、本来は一旦帰庁すべきであった。議論のエスカレートの仕方によっては、公務員としての

信用失墜行為禁止の義務違反に問われる。態度や言動などによってA係長が市の職員とわかったときには、市の行政や職員に関して市民に疑念を与え、市および市の職員の信用を失墜させることになりかねないのである。仮に暴力沙汰などとなれば、当然に処分対象である。

　A係長は、出張終了後に直接に飲み屋に入っているが、これは適当でない。出張の資料を持ったまま飲み屋に入れば、紛失等の恐れもある。外に出せない資料もあろうし、場合によっては、個人情報が含まれる。

　「A係長も、少しずつ酒が進み、状況がよくわからなくなってきた」とあるが、A係長は酒好きで、量が増えると状況が分からなくなるようである。「状況がよくわからなくなってきた」となるまで店にいて、さらに居続けているようでは、公務員失格である。

　第三に、4人が話をしていた話題に関して、A係長が思っていた考え方は、必ずしも適当でない。A係長の話の内容は、4人の関心事から離れ、A係長の考えを押しつけて、4人を突き放しているように聞こえるからである。議論がエスカレートしやすい言い方であるといえる。

　「テニスコートの利用料は、市民が選挙で選んだ議員が決めた条例で決められている」という主張は、間違いではない。しかし、形式的な議論であり、事例の4人の目線に立っているとは言えない。4人が問題にしているのは、利用料が高いか安いかであり、どのようにして決められたかではない。「利用料に文句があるなら、選挙の時に議員を変えろ」という言い方では傲慢である。また、「公務員がのんびりしているというが、自分はしょっちゅう残業している」も、4人の関心事とはかけ離れている。

解決策　公務員としての行動に心がける

　A係長のなすべきことは、次のとおりである。

　第一に、A係長は、こうした話に加わるべきでない。

　冷静に話ができないところでは、市民と議論をするのは避けるべきである。飲み屋での議論は、言語道断である。前職で社会教育施設に関係していたことから、話題に入りたかった面もあろうが、議論に加わることはこ

こでは避けるべきである。Ａ係長は、誤って飲み屋に入ってしまったとしたならば、早く切り上げ、店を出るべきである。酒も入り、議論がエスカレートすると、思わぬトラブルを引き起こす。

　第二に、Ａ係長は、出張後は、きちんと帰庁し、書類の整理や出張業務の整理などに当たるべきである。

　仕事に関係する資料を持ち歩くこと、自宅に持ち帰ることは、厳に避けるべきであり、仮に出張後、帰庁できない場合は、上司の了解を得て、十分に注意して帰宅すべきである。飲み屋などに立ち寄るべきでない。通勤途中での資料の紛失等の致命的な事故は、自治体において、後を絶たない。

　第三に、Ａ係長は、市民等とのコミュニケーションの仕方について、さらに研鑽すべきである。

　市の内部においても同様であるが、議論に当たっては、相手の言いたいことを十分に理解し、論理的に主張することが必要である。事例のテニスコートの利用料については、4人が話題にしているとおり、いくつかの考え方があり、直ちにどれが正しいとは言い切れないであろう。Ａ係長は、議論に加わるべきではなかったが、仮にそのようなことになったとしても、それぞれの考え方の違いや、それぞれの主張が成り立つための条件などについて、順を追って考えていくようにすることが無理のない議論の仕方と言える。

職場マネジメントのポイント

❖庁舎の外、勤務時間外でも公務員であることを忘れない

　庁舎の外であっても、勤務時間外であっても、職員は、地方公務員という身分を忘れてはならない。公務員にふさわしい見識を持って人と接し、行動することが必要である。地方公務員法は、第33条で信用失墜行為の禁止を定めている。市民として守るべき交通法規などを含め、様々な法令を遵守することはもちろん、日ごろの素行にも気を配り日々の生活のなかで信用を失うような事故等のないように十分に注意をし、その旨を職員に周知徹底をしていきたい。

事例 8 汚職による逮捕者が他の課で出てしまって

　先日、S課契約係の職員が汚職で逮捕された。多くの新聞やテレビで報道され、役所内は動揺が止まらない。
　A係長は、T課納税係長である。契約係と納税係は、課も違い、仕事の中身も違うので、今回の汚職の余波は受けないと思ったが、庁内に設置された汚職防止点検委員会には真面目に出席した。点検委員会では、今回の汚職の原因や汚職防止策などについて議論されていたので、A係長は、そこで自分の意見も言った。
　ところが、納税係の職員が徴収に行った先のほとんどの住民は関心が高く、「汚職をやるような市には税金を納めたくない」「君たちも汚職をやっているんじゃないだろうな」などと言われてしまった。職員のBは、「私たちの係には汚職など起きようもありません」と答えたが、「あなたの係でも汚職はありうるだろう」「係では、何の取組をしているのか」「そもそも、今回の汚職の原因はいったい何だったのか。わかっているなら説明をしてほしい」などと言われ、答えられなかったという。徴収の現場では、他の職員も、住民との間で同様の経験をしているという。
　A係長は、これまでは、係内のチームワークに留意してきたため、係の徴収率は、前任者の時よりは上がっていた。ところが、汚職が起こってからというものは、大きく落ち込み、係員もすっかり元気をなくし、係内は暗くなってしまった。A係長は、どうしたらよいものかと考えてしまった。

分析 汚職の再発防止が最重要

　役所の中で汚職が起こると、住民の目が厳しくなるのは当然である。A係長は、汚職が起こってからは徴収率が下がっていることが気になっているようである。確かに、納税係長として、そのことを心配するのは大事である。しかし、今回は、そのことと並行して、自分の係において、今回の汚職発生の重大性を認識し、今後、汚職が発生するようなことがよもやな

いように万全の対策を打つことが、極めて大事である。

　事例にあるように、係員は、住民からの問いかけに対して、ほとんど何も答えられていない。納税係は、係長をはじめ全員が、汚職が起こったことの重大性の認識が不足している。そして、自分たちの職場における汚職防止対策が何も講じられていないのである。

問題点 ❓ 意識が低く、適切な対応がなされていない

　この事例におけるＡ係長の問題点は、次のとおりである。

　第一に、Ａ係長は、市役所内において汚職が起こったことの重大性の認識が不足している。

　職員は、往々にして、日常においては自分の仕事のみに没頭し、自己の担当する業務を処理することに精一杯である。しかし、だからといって重大な事態に鈍感であれば、それは適当でない。今回のような汚職事件は、単に、事件を起こした課係の問題にとどまらず、市役所に対する市民の信頼を失わせる大きな問題なのである。

　Ａ係長は、今回の汚職は契約係で起こったので、納税係ではその余波は受けないと思ったという。しかし、現実の市民の反応は違った。Ａ係長は、汚職事件発生という問題について、その大きさを適切に把握できなかった。

　第二に、Ａ係長は、今回の汚職の原因や汚職防止策など、点検委員会で議論されている情報を係内で共有することができていない。

　汚職は、全庁の仕事を揺るがす大きな問題である。Ａ係長は、納税係の職員に点検委員会の情報を提供していなかったので、今回の汚職事件に対して、共通の認識を持つことができなかった。

　事例のなかの職員と住民とのやり取りの記述において、係員のＢは、住民からの「そもそも、今回の汚職の原因はいったい何だったのか」という問いに答えることができなかったという。今回の汚職事件の「事実関係」や「原因」は、職員がまず把握すべき基本的事項である。職員が、これをわかっていなかったということは、係内でいかに情報共有ができていなかったかということを示している。

191

第三に、Ａ係長は、納税係において、汚職防止等の対策を講じていない。

納税係の職員は、住民から、「あなたの係でも汚職はありうるのではないか」「納税係では、何の取り組みをしているのか」などの問いに、答えられなかった。自分たちが講ずべき事件への対応策を持ち合わせていなかったからであり、したがって、住民に説明できなかった。

汚職事件が市職員にあったにもかかわらず、対応策を講じていないのは、住民の目から見れば行政組織として失格である。職員が納税交渉に入れないのも、当然である。

Ａ係長は、自分の係における対応策をとるという、係としての当然の対策をしていなかったのである。

解決策 まずは重大性の認識を

Ａ係長のなすべきことは、次のとおりである。

第一に、Ａ係長は、汚職が起こったことの重大性をしっかりと認識しなければならない。

自治体の仕事は、住民の信頼を基礎に進められている。汚職がひとたび起これば、行政に対する信頼性が損なわれるという、極めて重大な問題が発生する。たとえ汚職が他の課で起こったとしても、住民の目は、市役所全体に及び、納税係もその影響を大きく受けるのである。

しかも、これを修復させるための努力は、繰り返し、長い時間をかけて行われなければならない。汚職が発生したときは、本人の逮捕がマスコミに報道され、役所には非難や抗議の電話や投書が殺到する。そして、これが一段落すると、本人が起訴され、これがまた報道される。さらに、求刑時、判決時と同様のことが繰り返される。

さらに、汚職が発生すれば、関連する庁舎事務室は捜索を受け、業務上必要な資料も押収されてしまう。業務を円滑に推進するという点にも大きく支障が及ぶのである。

Ａ係長は、点検委員会には真面目に出席し、そこで自分の意見も言ったというが、通り一遍の、形をつくることだけではだめである。点検委員会

で議題となっている汚職の原因や汚職防止策などについて、自分の問題として考え、受け止めていかなければならない。

第二に、A係長は、今回の汚職の原因や汚職防止策など、点検委員会で議論されている情報を、まずは、納税係の職員に適切に提供し、今回の汚職事件に対する共通の認識を持つ必要がある。

A係長は、汚職の事実関係や点検委員会で考察されたことなどを逐次報告し、係の職員とともに、契約係で起こった汚職事件を自分の係に置き換えて問題を認識し、対応策を考えていく必要がある。

第三に、A係長は、納税係において、係の実情に基づいた、係独自の汚職防止等の対策を講じる必要がある。

点検委員会においては、全庁的な対応策について議論されるはずなので、A係長は、これを周知徹底するとともに、係としての独自の対応策を係内で議論し、皆で実施していくことが必要である。特に、納税係は、住民と直接接する係なので、住民に対して今回の汚職事件をどのように説明するか、自分たちの係で講じていく対策をどのように説明するか、などについて、打ち合わせをしておくことも重要である。

職場マネジメントのポイント

◈未然防止と事後対応、いずれもが大事

汚職をはじめ、自治体で発生する事件や事故については、発生を未然防止するとともに、残念ながら起こってしまったときは、そのあとの対応が重要である。

事件により生じた問題への対症療法的な対応を適切に行うとともに、以後に同様な事件・事故が起きないような対策を練り、実行することが重要である。生じた問題への対応は的確に、しかもスピーディに行う。以後、再発しないような対策は慎重にもれなく、また、この点についてもスピーディに行う。上司である課長と十分に相談しながら進めたい。

| 事例 | 9 | **用地買収折衝中に議員から連絡が** |

　　K市L地区では、道路拡幅のため相当の用地買収をしなければならない。A係長は、3人の部下とともに、連日のようにL地区で地元説明会を開き、説明会のない日は、住民を戸別訪問して、買収の折衝をしている。いずれの場合も夜のことが多く、そのことを含め、A係長の係は、苦労が多かった。

　　ある日、ある会派のS議員がA係長に電話連絡してきた。A係長は、S議員とは、これまでの仕事で1回だけだが関係がある。S議員の用件は、「今度の拡幅は反対住民も多くさぞ大変だろうと思う。ついては、私も地元であり、何とかまとめる協力はしたい。ところで、私の土地は、もう少しのところで拡幅部分に入るところにある。そこでもう少し路線を検討してほしい。私の土地も買収用地に入らないだろうか。前後の土地も含めて公共用地にすれば、自転車もスムーズに通れるようになるだろう。100坪くらい、引っかかる可能性がある。いつでも売れると思っていたが、今回、せっかくの道路拡幅計画がある。よく、検討してもらいたい」ということであった。

　　A係長は、話を聞いて、その場で断ろうとも思ったが、その電話では「いろいろ検討してみます」と言って、引き取ってもらった。

　　B課長に相談すれば、「何とかならないか検討してみてくれ」と言われるにちがいない。

　　無理にこじつければ、やってやれないことはない。しかし、当初の計画にない土地まで買う必要は考えられない。用地取得費は税金だから、自分の懐には関係はない。だがそんなことではいけない。便宜を図る必要はない。A係長は、断る理由を考えて議員に電話をするつもりである。

| 分析 | **議員は市民を代表している** |

　　事業を進めているなかで、議員から直接または間接に話が入り、全体的な事業の方向や個別の内容について、意見や要望が伝えられる場合がある。

そこには、今後の意見として尊重すべきものもあれば、具体的な事業そのものの進め方に影響を及ぼすものもある。議員には管理職が対応する、という自治体もあろうが、係長のポストによって、あるいは具体的な状況によっては、そうはいかない事例もある。

議員は、まずもって住民であり、しかも、市民から選挙で選ばれた者であるということを念頭において、丁寧に対応したい。

問題点❓ 予断を持った対応ではだめ

この事例におけるA係長の問題点は、次のとおりである。

第一に、A係長は、今回のS議員からの話について、すべて頭から否定してかかっていることである。

議員からの話に対して、「その場で断ろうと思った」というのは、無茶な話である。S議員にとって、主眼は自分の土地を買ってもらうことにある可能性がある。そうなると、自転車通行の利便は直接的な眼目ではないかもしれない。したがって、例えば、「土地は買えないが、自転車は通行可能なようにする」という答えでは納得がいかないことになる。これまでの経緯や現場の状況などからは、そのような返答になるかもしれない。一方、万人が納得できる理由があれば、S議員の土地を購入することも不可能とは言えない。

頭から否定するだけでは、問題は解決しない。

第二に、A係長は、S議員からの要請に対する市の対応方針を1人で決めてしまおうとしていることである。

A係長の答えによっては、S議員は、市長に直接話を持っていくなど、様々な行動に出ることも予想される。仮にそうなれば、問題は複雑になる。また、A係長が1人で対応したという事実と内容は、その後の交渉において、ずっと付きまとっていくことになる。

市としての対応方針は、A係長が1人で決めることは適当でなく、S議員の考えを探るなどのための中間的な打診であっても、A係長が単独で行動することは避けなければならない。

第三に、Ａ係長は、Ｓ議員に対する連絡方法を１人で、電話ですまそうとしていることである。

　交渉がうまくいかなくなるのは、当事者が互いに、「言った」「言わない」で平行線になってしまうことが原因になることも多い。交渉がもとに戻らないようにするためには、後に経過等が確認できるような方法により、一歩ずつ進めていくことが大切である。

　また、問題によっては、相手の納得が得られて問題が解決した、と思っていたのに、相手が思わぬことを言い出すこともある。その場合に、相手に伝えた内容の事実が記録で残っていないと、反論もできなくなり、事態は混乱する。

解決策　検討から情報共有まで、丁寧な仕事を

　Ａ係長のなすべきことは、次のとおりである。

　第一に、Ａ係長は、Ｓ議員は市民から選挙で選ばれたということを念頭において、議員の言うことをまず聞き、対応策を丁寧に検討したい。

　当該土地を買収することについては、理由もなく買収することは決してできないが、市民に利益をもたらす理由があれば、費用対効果などを精査のうえ、買収することも可能である。実際には、議員からの要望の趣旨やいきさつも含めて、判断される。Ａ係長は、市民が納得できるような理由があるかどうか、冷静に検討すべきである。また、議員の話を断るならば、その理由と言い方を精査する必要がある。

　第二に、Ａ係長は、Ｓ議員のこの案件については、課長、部長とも相談し、市としての対応策を練っていかなければならない。

　この事例の場合は、道路計画の少しの見直しによって自転車用道路が確保できるのかどうか、費用はどのくらいかかるか、この地区において自転車用道路は必要か、実際に自転車による交通事故はどのくらいの頻度で発生しているか、関連しそうな他の交通安全施策との関係に問題はないか、現時点において自転車用道路を整備するように計画を変更するのは妥当か、意思決定のプロセスに問題はないか、変更する場合はどのようにして

変更するのか、などである。

　こうした検討なしにこの事例のような場合の判断はできないのであり、検討の材料を整理するのは、係長の役割である。

　第三に、A係長は、本案件について、チームプレイに徹することである。A係長が行ったこと、行うことは、逐一、課長には報告し、相談するようにしなければならない。

　部長も含め、少なくとも、係長と課長、部長は、この案件のすべての情報を共有する必要がある。すなわち、S議員からあった連絡についての日時・内容・対応者等、S議員への連絡についての日時・内容・対応者等、解決策についての検討内容、市長への報告・相談の状況などである。

　こうした情報をメモ等の形で集約し、係長、課長、部長が共有できるようにすることは、係長の役割である。

職場マネジメントのポイント

❖議員からの要望事項への対応の基本姿勢

　係長としては、議員からの要望事項については、まずは感情や予断を除き、冷静かつ論理的に受け止め、必要な検討等を行ったうえ、意思決定は上司に委ねることが大切である。係長という立場にもかかわらず、こうあるべき、あるべきでないなどを声高に主張し、実情の分析や具体策の検討は二の次という姿勢では困る。

　係長は、プレイング・マネージャーである。議員への対応についても、上司が適切に意思決定を行えるように、そのための材料を集めて整理するなど、的確な意思決定のための環境を整えることが大切であることを肝に銘じたい。

事例	10	必要のない届け先に通知を送るミスをして

　Aは、高齢者福祉を担当するS係の係長で、6人の部下とともに、福祉手当の支給、給食サービスの実施、関連イベントの実施などを担当している。高齢社会を迎えて、市の重点施策にもなっており、市長も熱心なので、やりがいのある毎日である。しかし、反面、仕事の作業量は多く、また、住民との連絡でスムーズにいかないことも多い。

　今年も敬老の日が近くなり、S係は、恒例の敬老大会の準備に追われている。ところがつい先日、2人の市民から手紙が来た。1つは、「うちの祖父は昨年死亡し、死亡届も出した。それなのに敬老大会の案内が来た」という。また、もう1つは、「今回、敬老大会の案内が来たが、まだ64歳だ。1年早いのではないか」というものである。いずれも、「役所は、どうしてこんな誤りをやるんだ」というお叱りである。

　敬老大会の通知は、住民基本台帳から該当者を拾い出し、そのリストをもとに発送している。S係において、連絡を送ったはずが、その連絡が届いていなかったなどのトラブルは、ごくたまにではあるが起こっていたが、今回のような苦情は初めてである。イベント準備で忙しいことに加え、市民からの苦情があったとわかると、課長は相当怒るので、A係長は、この案件を課長に報告せずに対応した。すなわち、手紙に記載されていた電話番号にそれぞれ電話をし、平謝りをした。「原因は何だったのか」と聞かれたが、今調べているという答えで理解を求めた。2人の住民からは一応の納得が得られたと思い、A係長はほっとした。

分析 🖉 忙しい、忙しいでは言い訳できないミス

　S係は、福祉手当の支給、高齢者給食サービスの実施、関連イベントの実施と、様々な業務を担当し、忙しいことはよくわかる。しかし、住民への通知は行政として極めて基本的かつ重要な事務であり、この誤りは絶対に避けなければならない。まして、今回の事例では、住民からの苦情は、同時に2件に及んでいる。2人以外の住民から連絡はないが、S係は、誤っ

た案内を他の住民にも送っている可能性がある。Ａ係長は、納得が得られたなどと、ほっとしていてはだめである。今回の問題は、イベント準備のさなかとぶつかったなどにより、課長にも報告しなかったようである。しかし、係長は、問題の大きさを正しく認識し、課長への報告も含め、的確な対応をしなければならない。

　特に、重大な非定型な事態においては、課長との連携が大事である。

問題点 ❓ 問題の大きさを踏まえた対応ができていない

　この事例におけるＡ係長の問題点は、次のとおりである。

　第一に、Ａ係長は、即時の事態に対して、課長に報告せずに、自分の考えのみで対応を図ったことである。

　今回のミスは、Ｓ係のミスという位置づけにとどまらず、課、ひいては市全体に関わるミスである。また、住民がＡ係長の対応に満足できない場合や、トラブルがこじれた場合など、住民はＡ係長を通り越して、課長や市長に直接話を持っていくこともある。その場合、課長に話が行っていないと、課長などの対応には明らかに支障が生じることになる。このトラブルへの具体的な対応方針についても、係長だけで考えて実行するのでは、もれが生じてしまうなど、限界がある。

　第二に、Ａ係長は、２人の住民への対応が何とかなったと考え、他のミスが同時に生じていないか、チェックを怠っていることである。

　この事例では、住民が死亡したことや年齢が65歳に達していないなどの情報が敬老大会の案内業務に正しく反映していなかった。敬老大会への案内は、他の住民にも同様に、誤って送ってしまった可能性がある。

　第三に、Ａ係長は、発生した問題への対応にのみ終始し、再発防止策を講じていないことである。

　Ｓ係では、送ったはずの連絡が届いていないなどのトラブルが、すでに発生している。本来、起こしてはいけないミスが起きているものであり、こうしたミスの再発は許されない。しかし、残念ながら、今のＳ係においては、ミスの再発防止策を講じる気運は見られない。再度、さらに重大な

ミスが生じる恐れがある。全庁的に考えれば、年齢のデータをもとに実施している業務、例えば、他の福祉関連事業、選挙事務、国民健康保険などにも問題が生じている可能性がある。

解決策 住民対応から問題の拡大防止、事務改善までを的確に

　A係長のなすべきことは、次のとおりである。

　第一に、A係長は、この事例について事態を深刻に受け止めるとともに、課長に当然報告し、対応をチームワークで行うべきである。

　住民からの意見や苦情などは、業務を進めるうえで非常に重要な情報であり、これをまず上司に報告する必要がある。まして、今回のミスは、あってはならないミスである。A係長は、課長の指示も仰ぎ、係としての対応方針のもとに行動していく。この場合に重要なのは、対応方針は課長に任せきりにしないで、まずはA係長が自らが練って、提案していくことである。対応方針は、状況を最もよく把握している現場から提案し、課長からは必要な指示や助言を得て、課長なり、係長なり、しかるべきポストの管理監督者が決めていくことが必要である。

　対応方針のなかには、当該苦情を申し出た2人の住民への具体的な接し方（誰が、いつ、どのように対応するか）のほかに、今回の苦情をきっかけに判明した問題(問題の拡大防止や再発防止など)への対応が含まれる。

　第二に、A係長は、敬老大会への案内という今回の業務を再度調査し、他の住民にも誤った案内をしていないか、問題拡大防止のためのチェックを早急に行うことである。

　今回、S係においては、死亡している住民に案内がいったり、年齢を誤って案内をしたりといずれも重大なミスが発生している。しかも、ミスは1つでなく、2つである。同様のミスで誤った案内が他の住民へいっている可能性があり、S係においては、そのチェックを直ちに行い、もしミスがあったならば、それへの対応を即座にとらなければならない。住民からの苦情を待って対応をするのでは、だめである。誤りがあれば、直ちにとりうる最大限の確認を行い、問題の拡大を防止しなければならない。

第三に、Ａ係長は、課長の指導を得て、今回の業務で生じた誤りの原因について徹底的に調査をするとともに、必要な再発防止策を講じることが必要である。

　年齢等を確認するためのデータを提供する住民基本台帳のデータ、そこからＳ係が年齢等のデータを得る仕組み、データを得た後でＳ係が行う作業、作業結果に基づき案内を作成する業務などと事務の流れの順を追って調査し、誤りが生じた原因を特定することが必要である。

　Ａ係長は、原因の場所によって必要な事務改善を実行するとともに、庁内の他の課係の業務に関連する問題点があれば、当該部署に連絡をとり、対応を促すことが求められる。

職場マネジメントのポイント

◈妥当性チェックまでさかのぼった業務実施を

　仕事が忙しいことを理由に、前例踏襲のみで業務を行ってしまうことも多い。これが積み重なると、業務執行上の誤りや問題が顕在化せずに、ある時に重大な間違いが発生することになる。事業を実施するに当たっては、単なる前例踏襲でなく、まずは、それぞれの事業の意義・目的、手段の妥当性などを再確認、検討することが重要である。

　また、業務のなかで誤りなどが生じたときは、これまでの仕事のやり方の積み重ねの結果が顕在化したのかもしれないとの問題意識に立ち、原因の分析や誤りの拡大防止、関連業務への影響、再発防止策の検討などに万全を期す必要がある。

　業務を進めるに当たっては、前回のやり方を十分に参考にしながらも、その考え方や方法が正しいかどうか、十分に吟味して実施していくべきである。それが、住民から信頼される自治体業務の進め方の第一歩であると認識すべきである。

編　者　自治体マネジメント研究会

第1部
小笠原広樹（おがさわらひろき）
東京大学工学部都市工学科卒。東京都、東京都人材支援事業団人材育
成センター客員教授などを経て、現在は、明治大学まちづくり研究所
客員研究員、都市・自治体研究所主宰。

自治体係長の職場マネジメント　第3次改訂版
―係長の“判断・行動”がわかる40の事例―　　　　　　　ⓒ　2023年

2013年（平成25年）7月25日	初版第1刷発行	
2016年（平成28年）1月25日	第1次改訂版第1刷発行	
2019年（令和元年）10月10日	第1次改訂版第2刷発行	
2021年（令和3年）1月8日	第2次改訂版第1刷発行	
2023年（令和5年）2月23日	第3次改訂版第1刷発行	

定価はカバーに表示してあります

編　　者　自治体マネジメント研究会
発行者　大　田　昭　一
発行所　公　　職　　研
〒101-0051
東京都千代田区神田神保町2丁目20番地
TEL　03-3230-3701（代表）
　　　03-3230-3703（編集）
FAX　03-3230-1170
振替　東京-6-154568

ISBN978-4-87526-434-7　C3031　https://www.koshokuken.co.jp/

落丁・乱丁はお取り替え致します。　PRINTED IN JAPAN
カバーデザイン：デザインオフィスあるる館
印刷：日本ハイコム㈱　✂♺ ISO14001取得工場で印刷しました。

◆本書の一部または全部を無断で電子化、複製、転載等することは、一部例外を除き著作権法上禁止さ
　れています。

─《係長職の対応が5肢択一で学べる！》─

こんな部下、あんな上司…。いませんか？
係長職の正しい判断、適切な対応が学べます。

事例で学べる行政判断 係長編

日常業務の適正な執行、新規事業の立案、係の人事管理、住民対応など、係長は自治体運営の土台を受けもっている。3人の現職課長が全問、1つひとつ選択肢を議論してつくり上げた珠玉の問題集。係長の職場対応力が確実に身につく70のケース。

定価（本体1,800円＋税）

・部下に情報を流さない課長
・係長を飛び越して指示する課長
・民間での経験をふりかざす係長
・経験豊富なベテラン部下
・他の係の仕事まで引き受ける部下
・セクハラを起こした部下
・外郭団体の職員採用に介入する議員
・市に便宜を図ることを求める住民
・課長不在時のマスコミ対応
・新規施策の効果的な周知方法　ほか

 公職研

《1つ上の仕事を知り、"次"のステップに》

第一線の管理職、課長職の職責が身につく！
職場対応に自信がもてる！

事例で学べる行政判断 課長編

課長は、自治体での第一線の管理職。所管業務の企画や推進をはじめ、部下の育成、議会対応、マスコミ対応などについて、権限と責任をもっている。3人の現職課長が全問、1つひとつ選択肢を議論してつくり上げた珠玉の問題集。課長の職場対応力が確実に身につく70のケース。

定価（本体1,850円＋税）

・第三者委員会の委員が無理な主張をする
・議員対応を回避する事務局長
・部長と副市長の双方から異なる指示を受けた
・課長の指示が組織全体に浸透しない
・仕事を抱えてしまう係長
・議員からの業者紹介
・個人情報の取扱意識が低い職場
・コンプライアンス順守のための取組み
・当方にミスがある苦情への対応
・安請け合いをしてしまう部長
・市長からの信頼の厚い部長によるパワハラ　ほか

公職研